Yuxiang Tan

Abordagens computacionais para a análise do transcriptoma do cancro por RNA-Seq

Yuxiang Tan

Abordagens computacionais para a análise do transcriptoma do cancro por RNA-Seq

ScienciaScripts

Imprint

Cover image: www.ingimage.com

This book is a translation from the original published under ISBN 978-3-659-87087-3.

Publisher:
Sciencia Scripts
is a trademark of
Dodo Books Indian Ocean Ltd. and OmniScriptum S.R.L publishing group

120 High Road, East Finchley, London, N2 9ED, United Kingdom
Str. Armeneasca 28/1, office 1, Chisinau MD-2012, Republic of Moldova, Europe
Managing Directors: Ieva Konstantinova, Victoria Ursu
info@omniscriptum.com

Printed at: see last page
ISBN: 978-620-8-50219-5

AGRADECIMENTOS

Gostaria de expressar os meus sinceros agradecimentos ao meu orientador, Stefano Monti, pela sua paciência, orientação e encorajamento durante o desenvolvimento deste trabalho. Foi o crítico mais severo e perspicaz do meu trabalho e um modelo de integridade e rigor na investigação. Passou horas a melhorar a minha escrita, apresentação e raciocínio lógico nos meus projectos.

Gostaria também de agradecer aos outros membros do meu comité, Avi Spira, W. Evan Johnson, Luis Carvalho e Bjoern Chapuy, pela sua disponibilidade para ajudar e pelos seus comentários construtivos sobre a direção da minha investigação e sobre este manuscrito.

Além disso, gostaria de agradecer a Liye Zhang, Daniel Gusenleitner, Adam Gower e Yann P. Tambouret pela sua ajuda com a minha programação, e a Jake Kantrowitz, Rebecca (Becky) Kusko, Jesus Paez e Yi Li pelo seu encorajamento e ajuda com a minha redação.

Gostaria também de manifestar o meu apreço a Marc Lenburg pela realização da reunião semanal de computação, que me deu valiosos comentários e sugestões, e a outros participantes na reunião. Gostaria também de agradecer a todos os outros membros da secção de biomedicina computacional pelo seu apoio.

Por último, mas não menos importante, devo agradecer aos meus pais pelo seu amor inabalável, apoio e encorajamento ao longo da minha vida.

RESUMO

O RNA-Seq (Whole Transcriptome Shotgun Sequencing) constitui uma plataforma ideal para estudar o conjunto completo de transcrições para uma determinada fase de desenvolvimento ou condição fisiológica. Revela não só alterações ao nível da expressão, mas também alterações estruturais nas sequências codificantes, incluindo rearranjos genéticos. Nesta dissertação, apresento as minhas contribuições para o desenvolvimento de ferramentas computacionais para a análise robusta e eficiente de dados de RNA-Seq para apoiar a investigação sobre o cancro.

Para automatizar o procedimento laborioso e computacionalmente intensivo de gestão de dados de RNA-Seq, trabalhei no desenvolvimento do Hydra, um pipeline de RNA-Seq para o processamento paralelo e o controlo de qualidade de um grande número de amostras. Com relatórios de fácil utilização sobre o controlo de qualidade e a execução de pontos de verificação, o Hydra torna o processo de processamento de dados rápido, eficiente e fiável. Aqui, relato a minha aplicação do pipeline à análise de amostras de xenoenxertos de linfoma derivadas de doentes, para mostrar a capacidade do Hydra para detetar anomalias (por exemplo, contaminação de tecido de ratinho) nos dados de sequenciação.

Uma vez que as fusões desempenham um papel importante na carcinogénese, a deteção de fusões tornou-se uma área importante da investigação metodológica. Foram desenvolvidos vários métodos computacionais para identificar transcrições de fusão a partir de dados de RNA-Seq. No entanto, todos estes métodos requerem o realinhamento do transcriptoma, uma tarefa computacionalmente dispendiosa e desnecessária em muitos casos. Aqui, apresento o QueryFuse, um novo algoritmo de deteção de fusões específicas de genes para dados de RNA-Seq alinhados. Foi concebido para ajudar os biólogos a encontrar e/ou validar computacionalmente fusões de interesse rapidamente, e para anotar os eventos detectados com visualização e propriedades detalhadas das leituras de suporte. Ao centrar a deteção de fusões em pares de leituras alinhados com os genes de consulta, podemos não só reduzir o tempo de realinhamento, como também utilizar um alinhador local mais preciso, mas computacionalmente dispendioso. Na avaliação exaustiva que efectuei, obtive resultados comparáveis ou melhores do que duas ferramentas amplamente adoptadas (deFuse e TophatFusion) em dois conjuntos de dados simulados, bem como em conjuntos de dados de linhas celulares com fusões conhecidas. Por fim, contribuí para a identificação de amostras clínicas. Validei esta fusão in silico pelo meu método de referência putativo antes da validação experimental.

ÍNDICE DE CONTEÚDOS:

LISTA DE ABREVIATURAS

BEU .... Both-End-Unmapped
bp .... base pair
CML .... Chronic Myelogenous Leukemia
CNV .... Copy Number Variation
DNA .... Deoxyribonucleic Acid
DNA-Seq .... DNA Sequencing
DSB .... Double Strand Break
FISH .... Fluorescent *in situ* Hybridization
FP .... False Positive
FPKM .... Fragments Per Kilobase per Million
KS .... Kolmogorov-Smirnov
PCR .... Polymerase Chain Reaction
PD-1 .... Programmed Death 1
PD-L2 .... PDCD1LG2
PDX .... Patient-Derived Xenograft
PEA .... Paired-End-Aligned
QF .... QueryFuse
RACE .... Rapid Amplification of cDNA Ends
RNA .... Ribonucleic Acid
RNA-Seq .... RNA Sequencing
RPKM .... Reads Per Kilobase per Million
SEA .... Single-End-Aligned
TP .... True Positive
WES .... Whole Exon Sequencing
WGS .... Whole Genome Sequencing

GLOSSÁRIO

Terms	Definition
Both-end-unmapped (BEU)	Reads where both paired-ends are unmapped.
Fragment	A contiguous sequence of nucleotides from a cDNA molecule.
Fusion boundaries	The precise, nucleotide-level genomic coordinates of the breakpoints on both sides of the fusion gene pair.
High similarity region	A >30-bp-long sequence that occurs multiple times across the genome.
Insert region	The non-sequenced fragment portion between paired ends.
Insert-size	The size of an insert region
Paired-end-aligned (PEA)	Reads in which both members of the pair are properly aligned to the reference.
Paired ends	Two sequenced ends in the paired-end sequencing.
Paired-end sequencing	The protocol of sequencing both ends of the same fragment.
PREF	An *in silico* fusion validation tool for RNA-Seq data.
QueryFuse	A gene-specific fusion-detection algorithm for RNA-Seq data.
Read	A sequenced end of a fragment.

Shifted region	A region in which shifting the breakpoint location will not change the fusion sequence.
SimFuse	An RNA-Seq based fusion simulator.
Single-end-aligned (SEA)	Read pairs where only one of the ends is properly aligned.
Spanning reads	PEA reads that have the fusion boundaries in the insert region.
Splitting read	A read with the fusion boundaries within its length.
Unmapped	Not properly aligned.

CAPÍTULO 1

INTRODUÇÃO

"O cancro é uma das principais causas de morbilidade e mortalidade, com cerca de 14 milhões de novos casos e 8 milhões de mortes relacionadas com o cancro em 2012, afectando populações em todos os países e em todas as regiões" (Stewart & Wild 2014). Uma compreensão abrangente dos mecanismos de iniciação e progressão do cancro é crucial para o diagnóstico, a prevenção e a cura do cancro. As tecnologias de alto rendimento, especialmente as tecnologias de sequenciação profunda, dão aos investigadores ferramentas poderosas para estudar o cancro.

As tecnologias de sequenciação profunda fornecem informações genómicas com uma resolução de pares de bases (pb). São atualmente muito utilizadas para a montagem do genoma, a deteção de variações estruturais (mutações, translocações, etc.), a caraterização da expressão genética, etc.

Sendo uma tecnologia em rápido desenvolvimento, o custo da sequenciação profunda diminuiu mais de dez mil vezes nos últimos 15 anos, uma taxa de melhoria que excede a lei de Moore (Wetterstrand n.d.). Embora o custo por par de bases seja mínimo, a realização da sequenciação do genoma completo (WGS) ainda é demasiado cara para ser amplamente utilizada na investigação clínica. Por outro lado, uma vez que a sequenciação do transcriptoma completo (RNA-Seq) pode revelar as alterações dinâmicas dos RNAs (Chu & Corey 2012) e pode proporcionar uma profundidade de cobertura muito maior (>50 vezes) do que a WGS para o mesmo número total de leituras de sequenciação (Ensembl n.d.), tornou-se um ensaio amplamente adotado na investigação clínica. A consequente adoção generalizada da sequenciação de ARN na investigação sobre o cancro é o principal impulso para o desenvolvimento de ferramentas computacionais para a análise do volume cada vez maior de dados de RNA-Seq.

Existem algumas ferramentas padrão dominantes para a análise de dados primários. Por exemplo, FastqQC (Andrews n.d.) para o controlo de qualidade; blat (Kent 2002) e blast (Altschul et al. 1990) para o alinhamento local; bowtie (Langmead et al. 2009) e BWA (Li & Durbin 2009) para o alinhamento global; Tophat (Trapnell et al. 2009) e STAR (Dobin et al. 2013) para o alinhamento de emendas de ARN. Para cada análise especificada a jusante (como a caraterização da expressão, a deteção de variações na estrutura, etc.), existem várias alternativas que se adaptam a diferentes cenários e hipóteses. Embora estejam disponíveis ferramentas para cada etapa da análise, o processo de análise completo (o "pipeline" desde as leituras brutas até aos resultados a jusante) continua a ser difícil e exige uma infraestrutura e sofisticação computacionais consideráveis.

Neste trabalho, investigo abordagens computacionais para a análise de dados de RNA-Seq do transcriptoma completo para a investigação do cancro, com enfoque no pré-processamento e controlo de qualidade (QC) dos dados e na deteção de fusões de genes. O objetivo é desenvolver um pipeline generalizado de CQ e processamento de dados de RNA-Seq para facilitar a análise de dados, e uma ferramenta de deteção de fusão bem validada baseada num novo algoritmo que concebi e implementei.

Section 1.1: Visão geral das motivações biológicas e computacionais

Optei por me concentrar no cancro porque é uma doença potencialmente fatal e generalizada, responsável por 589 430 mortes nos EUA em 2015 (Rl et al. 2015), e as fusões de genes desempenham um papel importante na condução da tumorigénese (secção 1.1.1). Na secção 1.1.2, comparo a sequenciação de ADN com a sequenciação de ARN e explico por que razão utilizo dados de ARN-Seq como tipo de dados principal. A secção 1.1.3 apresenta uma breve panorâmica das ferramentas existentes de deteção de fusões baseadas em RNA-Seq e das suas deficiências, que o meu algoritmo (QueryFuse) pretende colmatar. A secção 1.1.4 mostra como avaliar o desempenho das ferramentas de deteção de fusão baseadas em RNA-Seq e explica as potenciais contribuições de um simulador de fusão estatisticamente poderoso (SimFuse) e de uma ferramenta de validação de fusão in silico (PREF).

Secção 1.1.1: Cancro e fusões de genes

Embora só nos EUA se tenham gasto mais de 200 mil milhões de dólares em investigação sobre o cancro entre 1971 e 2005 (Begley 2008) e a taxa de mortalidade por cancro (ajustada em função do tamanho e da idade) tenha diminuído 5% entre 1950 e 2005 (Kolata 2009), o cancro continua a ser uma das batalhas de saúde pública em que fizemos poucos progressos.

Um dos principais progressos é a descoberta da essência do cancro, que é uma doença genética (Vogelstein & Kinzler 2004), tendo sido propostos dois tipos dominantes de eventos genéticos iniciadores (Mitelman et al. 2007) e dez caraterísticas distintivas do cancro (Hanahan & Weinberg 2000; Hanahan & Weinberg 2011). Estes eventos genéticos e caraterísticas incluem deleções de ADN, inserções, mutações, translocações, etc. Entre eles, as translocações e as fusões de genes correspondentes têm um papel importante nas etapas iniciais da carcinogénese (Mitelman et al. 2007).

Uma fusão génica, também referida como translocação cromossómica, denota o evento em que dois genes normalmente separados são unidos como consequência de quebras de cadeia dupla do ADN (DSB) seguidas de um erro de reparação do ADN (Mitelman et al. 2007; Aplan 2006). Um tipo especial de fusão génica normal denominado recombinação V(D)J é o principal processo pelo qual o sistema imunitário humano gera novos anticorpos (Malu et al. 2012). No entanto, sabe-se também que as fusões de genes desempenham papéis importantes na iniciação e progressão de tumores em quase todos os tipos de tumores (Vega & Medeiros 2003; Mitelman et al. 2007). Foi demonstrado que, por um lado, a diminuição ou erradicação de uma quimera associada a uma doença pode ser um tratamento bem-sucedido, enquanto, por outro lado, as fusões de genes manipulados podem dar origem a distúrbios neoplásicos (Mitelman et al. 2007).

Tal como as mutações, as fusões de genes podem alterar o quadro de leitura dos genes de fusão, o códão de paragem, a sequência e a estrutura da proteína ou substituir elementos de regulação. Estes eventos levam à formação de novas proteínas quiméricas ou à desregulação da expressão do gene de fusão (Mitelman et al. 2007; McPherson et al. 2011). A BCR-ABL1 é um exemplo clássico de uma proteína quimérica na leucemia mieloide crónica (LMC). O seu produto proteico induz a inibição da apoptose, a independência dos factores de crescimento e a leucemogénese (McPherson et al. 2011; Fernandez-Luna 2000). O fármaco Imatinib pode desligar a atividade enzimática do BCR- ABL1 e parar o crescimento das células cancerígenas, resultando numa melhoria significativa da taxa de sobrevivência a 5 anos (aumentou de 30% para 89%) para os doentes com LMC (Goldman & Melo 2003; Kantarjian et al. 2012). Outro exemplo de rearranjo de genes com efeitos tumorais é a fusão dos genes ETS e TMPRSS2, que leva à desregulação da expressão no cancro da próstata (McPherson et al. 2011; Yu et al. 2010).

Uma vez que as fusões de genes envolvem um DSB de ADN e uma reparação incorrecta (Mitelman et al. 2007; McPherson et al. 2011; Aplan 2006), a sequenciação do genoma completo (WGS) com cobertura profunda é a abordagem ideal para encontrar todas as fusões de genes numa amostra.

Secção 1.1.2: Sequenciação de ADN (DNA-Seq) vs. Sequenciação de ARN (RNA-Seq)

DNA-Seq é o processo de alto rendimento para determinar a composição precisa de nucleótidos de moléculas de ADN numa biblioteca através de um sequenciador. Tradicionalmente, a sequenciação de ADN-Seq refere-se à sequenciação de todo o genoma, que utiliza o ADN completo do genoma de um organismo como biblioteca de sequenciação. Dependendo do método de preparação da biblioteca, a sequenciação de ADN-Seq também pode ser utilizada para a sequenciação de exões completos (WES), que se centra apenas nas regiões dos exões, e para a sequenciação orientada, que se centra apenas nas regiões visadas. Dado que o número de alvos é diferente entre estes métodos (WGS > WES > sequenciação orientada), com o mesmo poder de sequenciação, a profundidade de sequenciação destes três métodos está na direção oposta (sequenciação orientada > WES > WGS). Os métodos de DNA-Seq são amplamente utilizados para encontrar variações genéticas, mutações genómicas e alterações estruturais, etc.

Enquanto o DNA-Seq tem como alvo as moléculas de ADN, o RNA-Seq tem como alvo o ARN através da construção de uma biblioteca de ADNc por transcrição reversa. À semelhança do WGS que visa o genoma completo, o RNA-Seq visa apenas o transcriptoma presente num determinado momento (Chu & Corey 2012). Uma vez que apenas uma pequena porção do genoma é transcrita para ser funcional num dado momento, com o mesmo número de leituras de sequenciação, o RNA-Seq pode fornecer uma profundidade muito maior (>50 vezes) do que o WGS (Ensembl n.d.), o que torna o RNA-Seq rentável e muito mais sensível do que o WGS na deteção de variações de baixa frequência. Além disso, o RNA-Seq tem a vantagem de visar transcrições funcionais transcritas, o que o torna uma plataforma ideal para detetar alvos clínicos acionáveis. Por conseguinte, nesta dissertação, concentro-me no desenvolvimento de ferramentas computacionais para a análise de dados de RNA-Seq para apoiar a investigação sobre o cancro.

A tarefa de processamento e controlo de qualidade dos dados de RNA-seq é trabalhosa e computacionalmente intensiva, e ainda faltam ferramentas abrangentes para o processamento "bench-to-bedside" dos dados de RNA-Seq, incluindo a verificação da qualidade dos dados em bruto, o alinhamento das sequências, a verificação da qualidade do alinhamento, a quantificação da expressão, etc. Por conseguinte, contribuí para o desenvolvimento do Hydra, um pipeline de RNA-Seq para o processamento paralelo e o controlo da qualidade de um grande número de amostras.

Secção 1.1.3: Ferramentas de deteção de fusão baseadas em RNA-Seq

Nos últimos cinco anos, foram publicadas pelo menos 18 ferramentas de deteção de fusões baseadas em RNA-Seq (Quadro 1.1). Isto mostra que a deteção de fusões a partir de dados de RNA-Seq está a receber cada vez mais atenção. De um modo geral, as ferramentas de deteção de fusões baseadas em RNA-Seq podem ser classificadas em dois grupos: 1) abordagens baseadas em fragmentos e 2) abordagens baseadas em pseudo-referências (Quadro 1.1). As abordagens baseadas em fragmentos dividem as leituras em fragmentos e alinham os fragmentos a um genoma/transcriptoma de referência regular. As abordagens baseadas em pseudo-referência geram pseudo-referência por montagem de novo e utilizam-na juntamente com a referência regular (Carrara, Beccuti, Cavallo, et al. 2013). Embora a maioria das ferramentas de deteção de fusão baseadas em RNA-Seq sejam concebidas especificamente para a deteção de fusão, algumas são alinhadores de RNA-Seq com modelos integrados de deteção de fusão (Quadro 1.1).

Name	Publication Date	Approach	Aligner with Integrated Fusion Detection Module
BreakFusion (Chen et al. 2012)	Jul 2012	Pseudo-reference based	No
defuse (McPherson et al. 2011)	May2011	Fragment based	No
EricScript (Benelli et al. 2012)	Oct 2012	Pseudo-reference based	No
FusionFinder (Francis et al. 2012)	Jun 2012	Fragment based	No
FusionHunter (Li et al. 2011)	Apr 2011	Pseudo-reference based	No
FusionMap (Ge et al. 2011)	Jul 2011	Fragment based	No
FusionQ (Liu et al. 2013)	Jun 2013	Pseudo-reference based	No
FusionSeq (Sboner et al. 2010)	Oct 2010	Pseudo-reference based	No
STAR (Dobin et al. 2013)	Oct 2012	Pseudo-reference based	Yes
SOAPfuse (Jia et al. 2013)	Feb 2013	Fragment based	Yes
TophatFusion (Kim & Salzberg 2011)	Aug 2011	Pseudo-reference based	Yes
TransABySS (Robertson et al. 2010)	Oct 2010	Pseudo-reference based	Yes

Bellerophontes (Abate et al. 2012)	Aug 2012	Pseudo-reference based	No
ChimeraScan (Iyer et al. 2011)	Aug 2011	Pseudo-reference based	No
mapSplice (Wang et al. 2010)	Oct 2010	Fragment based	Yes
SnowShoes-FTD (Asmann et al. 2011)	Apr 2011	Fragment based	No
ShortFuse (Kinsella et al. 2011)	Feb 2011	Fragment based	No
FusionCatcher (Nicorici et al. 2014)	Nov 2014	Fragment based	No

Tabela 1.1: Ferramentas de deteção de fusão baseadas em RNA-Seq.

Os algoritmos de deteção de fusão baseados em RNA-Seq existentes têm duas caraterísticas comuns:

1) utilizam leituras brutas como entrada (exceto Breakfusion); 2) efectuam a deteção global da fusão.

Independentemente da análise a jusante que será efectuada (por exemplo, análise da variação da estrutura, análise da quantificação da expressão), o alinhamento é consistentemente o primeiro passo de todas as análises de RNA-Seq, porque gera informações transcriptómicas utilizáveis a partir dos dados de RNA-Seq. Embora a utilização de leituras em bruto como entrada possa minimizar o enviesamento do alinhador, o alinhamento destas leituras em bruto é o passo mais demorado, ineficiente e desnecessário na maioria dos casos de deteção de fusão. Numa biblioteca de RNA-Seq normal, mais de 90% das leituras não estão relacionadas com a fusão. Por este motivo, o alinhamento de todas as leituras novamente no detetor de fusão é ineficaz. Isto significa que as ferramentas de deteção de fusão poderiam utilizar de forma mais eficiente os dados já alinhados em vez dos dados em bruto.

Embora para dados de elevado rendimento, a deteção global possa revelar o panorama geral, para muitos investigadores, especialmente para os biólogos, uma longa lista de todos os potenciais eventos de fusão é esmagadora. Isto deve-se ao facto de, muitas vezes, apenas se preocuparem com uma lista limitada de genes. Por conseguinte, é necessária uma ferramenta de deteção de fusão que se concentre apenas numa lista selecionada de genes.

Secção 1.1.4: Estimativa de desempenho de ferramentas de deteção de fusão baseadas em RNA-Seq

Embora tenham sido desenvolvidas muitas ferramentas de deteção de fusões baseadas em RNA-Seq, não existe um padrão de referência para avaliar o desempenho destes algoritmos. A maioria das ferramentas de deteção de fusões listadas foi testada apenas em dados reais (linhas celulares ou amostras de doentes) com validações RT-PCR de um número limitado de fusões previstas, o que impossibilitou a estimativa exacta da recuperação e da precisão (Powers 2011). Por conseguinte, os dados reais são úteis para testar se um método é bem sucedido na deteção de eventos específicos, mas não são suficientes para estimar de forma abrangente o desempenho preditivo do método. A solução complementar é um conjunto de dados simulados estatisticamente poderoso que contenha um grande número de verdadeiros positivos e verdadeiros negativos conhecidos.

Algumas das ferramentas de deteção de fusão publicadas (Carrara, Beccuti, Cavallo, et al. 2013; Carrara, Beccuti, Lazzarato, et al. 2013; Jia et al. 2013) utilizaram um conjunto de dados de fusão simulada baseado em RNA-Seq gerado como parte da avaliação do FusionMap (Ge et al. 2011). No entanto, este é um pequeno conjunto de dados que representa uma única amostra e um total de 50 fusões. Um simulador de fusão capaz de gerar automaticamente vários conjuntos de dados com vários números e tipos de leituras de apoio à fusão poderia facilitar a avaliação do desempenho de algoritmos de deteção de fusão novos e existentes. Neste trabalho, proponho o SimFuse, um novo simulador de fusão, para colmatar esta lacuna.

Embora a norma de ouro para validar um evento de fusão seja um conjunto de experiências, estas experiências consomem muitos recursos e tempo, pelo que a maioria das fusões detectadas não foram validadas experimentalmente. Ao gerar uma sequência putativa de uma fusão como referência, as leituras de apoio podem ser cuidadosamente extraídas dos dados de RNA-Seq. Por conseguinte, este método pode servir de validação computacional e excluir fusões com um baixo nível de suporte. Aqui, proponho o PREF, uma nova ferramenta para validar in silico uma fusão hipotética ou detectada a partir de dados de RNA-Seq.

Section 1.2: Resumo

O RNA-Seq proporciona uma abordagem rentável para detetar alvos clínicos acionáveis, o que o torna uma plataforma ideal para a investigação do cancro. Para automatizar o procedimento laborioso e computacionalmente intensivo de análise dos dados de RNA-Seq, foi desenvolvido o Hydra, um pipeline de RNA-Seq, para o processamento paralelo e o controlo de qualidade de um grande número de amostras.

As fusões de genes desempenham um papel importante na tumorigénese e na progressão dos tumores e servem de alvo a fármacos específicos que têm um sucesso clínico considerável. Estes factos levaram a que a deteção de fusões com base em RNA-Seq se tornasse uma área popular de investigação metodológica, tendo sido desenvolvidas mais de 18 ferramentas computacionais para identificar globalmente transcrições de fusão a partir de dados de RNA-Seq. No entanto, todas estas ferramentas requerem um realinhamento que é computacionalmente dispendioso e, em muitos casos, desnecessário. Além disso, em vez da deteção global, a deteção específica do gene pode reduzir o tempo de execução e ter um desempenho preciso. Assim, proponho o QueryFuse, um novo algoritmo de deteção de fusão específica de genes para dados de RNA-Seq alinhados.

Os dados reais não são suficientes para estimar de forma exaustiva o desempenho preditivo do método, e um conjunto de dados simulados estatisticamente poderoso, contendo um grande número de verdadeiros positivos e verdadeiros negativos conhecidos, é a solução complementar. Aqui, apresento o SimFuse, um novo simulador de fusão, para facilitar a estimativa do desempenho dos algoritmos de deteção de fusão.

Como solução complementar para as laboriosas e demoradas experiências de validação de fusões, proponho o PREF, uma ferramenta de validação de fusões in silico, para validar computacionalmente as fusões antes de passar às experiências.

Section 1.3: Guia para o leitor

No Capítulo 2, revejo em pormenor os conceitos e métodos relevantes necessários para a apresentação das ferramentas que desenvolvi. Em primeiro lugar, apresento o fluxo de trabalho normal do processamento de dados de RNA-Seq e as ferramentas relacionadas. Em segundo lugar, apresento o método de semente comummente utilizado na deteção de fusões e comparo-o com o meu novo algoritmo de procura de divisões. Em terceiro lugar, faço um breve resumo dos conjuntos de dados de simulação de fusão baseados em RNA-Seq existentes e dos desafios da simulação de fusões a partir de dados de RNA-Seq. Por fim, descrevo conceitos que permitem a validação in silico das fusões detectadas.

No Capítulo 3, descrevo em pormenor as metodologias das ferramentas propostas. Em primeiro lugar, descrevo o Hydra, um pipeline de RNA-Seq para facilitar o processamento de dados, que fornece dados de entrada para a deteção de fusão a jusante. Em segundo lugar, descrevo o QueryFuse, um algoritmo de deteção de fusões específico do gene, que é a principal contribuição da minha dissertação. Em terceiro lugar, apresento o SimFuse, um simulador de fusão baseado em RNA-Seq, para estimar o desempenho do QueryFuse e de dois outros algoritmos de deteção de fusão de última geração. Por último, ilustro o PREF, uma ferramenta de validação de fusões in silico para validar as fusões detectadas na nossa investigação interna sobre o cancro.

No Capítulo 4, apresento todos os conjuntos de dados utilizados nesta dissertação. Todos estes conjuntos de dados foram processados através do Hydra e depois utilizados na investigação da deteção de fusão. Foram utilizados conjuntos de dados de simulação com verdadeiros positivos e verdadeiros negativos conhecidos para obter a taxa de recuperação e precisão dos algoritmos de deteção de fusão. Foram utilizados conjuntos de dados de linhas celulares com fusão validada experimentalmente para estimar a probabilidade de deteção de uma fusão verdadeiramente positiva nos dados reais. Os conjuntos de dados de doentes são provenientes dos nossos projectos de investigação sobre o cancro, nos quais apliquei os meus próprios algoritmos , bem como ferramentas existentes para encontrar marcadores de cancro (expressão diferencial e fusão de genes).

No capítulo 5, apresento os resultados e as discussões das ferramentas propostas. Em primeiro lugar, utilizo um exemplo de aplicação do Hydra para provar as suas funcionalidades úteis. Em segundo lugar, descrevo em pormenor os resultados do QueryFuse em dados de simulação, dados de linhas celulares e dados de doentes. De seguida, discuto e resumo estes resultados. Por último, apresento os resultados da estimativa de desempenho do PREF a partir de dados de simulação e mostro um exemplo de aplicação num conjunto de dados de doentes.

O Capítulo 6 resume as contribuições discutidas nesta dissertação e descreve potenciais melhorias futuras no trabalho aqui apresentado.

CAPÍTULO 2

SÍNTESE DAS METODOLOGIAS PROPOSTAS

Neste capítulo, revejo em pormenor os conceitos e métodos relevantes necessários para a apresentação das nossas metodologias. Na Secção 2.1, apresento o fluxo de trabalho normal do processamento de dados de RNA-Seq, as ferramentas relacionadas e os desafios. Na Secção 2.2, apresento o método de semente habitualmente utilizado na deteção de fusões e comparo-o com o meu novo algoritmo de procura de divisões. Na Secção 2.3, faço um breve resumo dos conjuntos de dados de simulação de fusão baseados em RNA-Seq existentes e dos desafios da simulação de fusão a partir de dados de RNA-Seq. Na Secção 2.4, descrevo conceitos que permitem a validação in silico da fusão. Começo por dar as definições essenciais utilizadas ao longo desta secção (Figura 2.1).

Defino um fragmento como uma sequência contígua de nucleótidos de uma molécula de cDNA. Defino uma leitura como uma extremidade sequenciada de um fragmento. Defino sequenciação de extremidades emparelhadas como o protocolo de sequenciação de ambas as extremidades do mesmo fragmento e as duas extremidades sequenciadas como extremidades emparelhadas. Defino a parte do fragmento não sequenciada entre as extremidades emparelhadas como região de inserção e o seu comprimento como tamanho da inserção. Se o tamanho da inserção for negativo, as extremidades emparelhadas sobrepõem-se. Defino como paired-end-aligned (PEA) as leituras em que ambos os membros do par estão corretamente alinhados com a referência. Do mesmo modo, single-end-aligned (SEA) designa os pares de leituras em que apenas uma das extremidades está corretamente alinhada. Defino uma leitura como não mapeada quando não está corretamente alinhada. Na sequenciação de extremidades emparelhadas, uma leitura SEA deve ter sempre uma leitura não mapeada correspondente. Também é possível que ambas as extremidades emparelhadas estejam não mapeadas, o que se designa por both-end-unmapped (BEU), especialmente quando o tamanho da inserção é negativo. Defino os limites da fusão como as coordenadas genómicas precisas, ao nível dos nucleótidos, dos pontos de quebra em ambos os lados do par de genes de fusão. Defino como leituras de apoio à fusão as leituras de PEA que têm os limites de fusão na região de inserção, enquanto uma leitura de divisão denota uma leitura com os limites de fusão dentro do seu comprimento. Defino uma sequência com mais de 30 pb de comprimento que ocorre várias vezes no genoma como uma região de elevada semelhança.

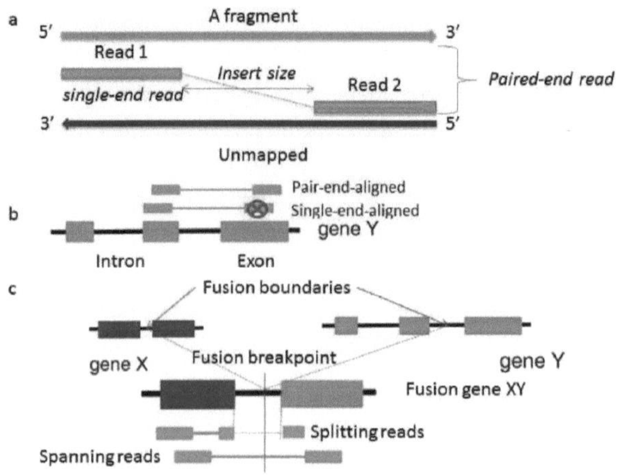

Figura 2.1: Definição de termos essenciais. a) Uma barra azul representa uma leitura sequenciada. As barras

rosa e roxa são duas cadeias de um fragmento. A seta aponta na direção da sequenciação e uma leitura encontra-se sempre na extremidade 5' de uma cadeia. Se apenas uma leitura for sequenciada por fragmento, trata-se de sequenciação de extremidade única e a leitura é designada por "leitura de extremidade única". Se cada fragmento tiver duas leituras sequenciadas, trata-se de sequenciação de extremidade emparelhada e o par de leituras é designado por "leituras de extremidade emparelhada". b) As caixas verdes representam exões e as cordas pretas representam intrões. Para a sequenciação de extremidades emparelhadas, se apenas uma leitura de um par estiver corretamente alinhada com a referência (geralmente no exão em dados RNA-Seq), é designada por alinhamento de extremidade única (SEA). Por outro lado, se ambas as leituras de um par estiverem corretamente alinhadas, designa-se por alinhamento de extremidade emparelhada (PEA). c) A cadeia vermelha indica um par de limites de fusão no gene X e no gene Y (geralmente na região do intrão no ADN). A partir do RNA-Seq, um gene de fusão XY apresentar-se-á como dois exões fundidos. As leituras de extensão são as leituras de PEA que têm os limites de fusão na região de inserção, ao passo que uma leitura de divisão indica uma leitura com os limites de fusão dentro do seu comprimento.

Secção 2.1: Pipeline de processamento de dados de RNA-Seq

Sendo uma tecnologia de elevado rendimento, o RNA-Seq gera enormes quantidades de dados, o que torna a gestão e interpretação dos dados um desafio e exige uma série de ferramentas computacionais para diferentes objectivos de investigação (Figura 2.2). Um pipeline automatizado para a análise de dados de RNA-seq e a avaliação da qualidade pode poupar significativamente tempo e trabalho e permitir a deteção precoce de amostras de má qualidade.

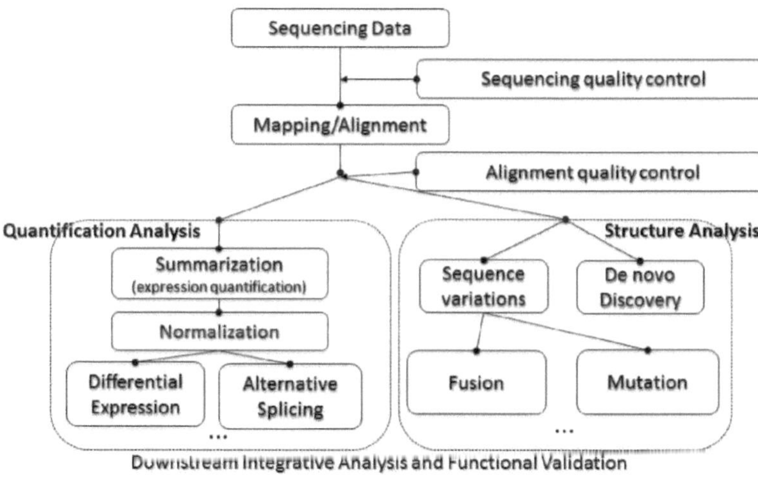

Figura 2.2: Fluxo de trabalho de processamento de dados de RNA-Seq. Os dados de sequenciação são a entrada principal. Antes de efetuar o alinhamento/mapeamento da sequência, é executado o controlo de qualidade da sequenciação. Em seguida, o controlo de qualidade do alinhamento é executado nos dados alinhados. Com os dados alinhados, os utilizadores podem passar à análise de quantificação e/ou análise de estrutura com base nos seus interesses de investigação. Na análise de quantificação, que se centra no nível de expressão dos transcritos, a quantificação e normalização da expressão é o principal processamento de dados. A análise funcional a jusante inclui expressão diferencial, splicing alternativo, etc. A análise da estrutura, que se centra nas alterações da estrutura, inclui a análise da variação da estrutura (fusão, mutação, etc.) e outras descobertas de novo.

A primeira etapa da análise dos dados de RNA-Seq é o controlo da qualidade dos dados de sequenciação. Embora as tecnologias de sequenciação (por exemplo, Illumina (Illumina n.d.), Ion Torrent (Ion Torrent n.d.)) sejam agora bastante fiáveis, continua a ser necessário um controlo de qualidade, incluindo artefactos PCR, conteúdo CG, taxa de duplicação, pontuação da qualidade da sequenciação e enriquecimento de adaptadores. A partir do relatório do controlo de qualidade, é possível determinar o grau de fiabilidade de uma execução de sequenciação e decidir se uma execução é utilizável ou se necessita de nova execução. O FastQC (Andrews n.d.) é uma ferramenta de controlo de qualidade muito utilizada para o ficheiro FASTQ, um formato uniforme de dados de sequenciação em bruto. Embora o FastQC apresente tabelas e figuras para mostrar a qualidade de cada execução, a verificação manual destes relatórios é morosa e falível, especialmente quando o tamanho da amostra é enorme. Consequentemente, a geração de um relatório de resumo das amostras e a sinalização de amostras de baixa qualidade são importantes no pipeline de RNA-Seq.

O segundo passo é o alinhamento de sequências, que indica onde cada leitura se encontra no transcriptoma. Como a transcrição tem mecanismos complexos, incluindo splicing e edição de RNA, o alinhamento dos dados de RNA-Seq é diferente dos dados de DNA-Seq. Alguns alinhadores de RNA-Seq (Garber et al. 2011) (por exemplo, TopHat (Trapnell et al. 2009), STAR (Dobin et al. 2013) e MapSplice (Wang et al. 2010)) foram desenvolvidos com diferentes focos, mas nenhum deles é dominante. A boa notícia é que o formato de saída desses alinhadores é uniforme e chamado de "Sequence Alignment/Map" (SAM/BAM) (Genetics n.d.). Consequentemente, para tornar o pipeline flexível, os utilizadores devem poder selecionar o alinhador adequado, quando as análises a jusante utilizam SAM/BAM como entrada padrão.

A verificação da qualidade do alinhamento é tão importante como o controlo da qualidade dos dados em bruto. Como o alinhamento de sequências requer recursos computacionais pesados (por exemplo, CPUs, RAMs e espaço em disco), é um passo sensível e fácil de falhar. Além disso, o relatório de estatísticas de alinhamento (incluindo percentagem de alinhamento, taxa de incompatibilidade e alinhamento múltiplo) é uma caraterística importante para avaliar a qualidade de uma amostra. Por conseguinte, à semelhança do controlo de qualidade da sequenciação, é necessário gerar um relatório de resumo das amostras e emitir um alarme sobre amostras de baixa qualidade. Após esta etapa, é efectuado o processamento básico dos dados e, a jusante, a análise funcional.

Existem duas utilizações principais dos dados de RNA-Seq: análise de quantificação e análise de estrutura.

A análise de quantificação indica o nível de expressão do gene e/ou dos transcritos. Existem diferentes formas de normalizar e comparar expressões dentro e entre amostras, como Fragmentos por Quilobase por Milhão (FPKM), Leituras por Quilobase por Milhão (RPKM), transformação logarítmica em contagens de leituras brutas, etc. Assim, foram desenvolvidas diferentes ferramentas que utilizam estes métodos (Garber et al. 2011; Trapnell et al. 2012) (por exemplo, Cufflinks (Trapnell et al. 2010), RSEM (Li & Dewey 2011), HTSeq (Anders et al. 2014) e EdgeR (Robinson et al. 2010)). No entanto, a escolha da ferramenta depende muitas vezes do analista, e é provável que sejam desenvolvidas novas ferramentas. Por conseguinte, uma boa pipeline deve permitir a adoção de múltiplos métodos, cabendo ao utilizador a escolha final do método a utilizar.

Uma das vantagens da utilização do RNA-Seq é o facto de permitir a análise da estrutura, através da qual o utilizador pode estudar as alterações estruturais do transcriptoma. A deteção de fusões é o domínio mais popular na análise de estruturas a partir de dados de RNA-Seq. Na secção 2.2, farei uma introdução pormenorizada à deteção de fusões com base no RNA-Seq. Para além da deteção de fusões, a mutação, a edição de RNA e a montagem do transcriptoma não estão tão desenvolvidas, mas estão a receber cada vez mais atenção.

A facilidade de utilização é uma caraterística importante de qualquer pipeline de RNA-Seq. Idealmente, o software deve ser portátil, ou seja, facilmente instalável, incluindo todas as suas dependências, e agnóstico em termos de plataforma, ou seja, independente de um sistema operativo específico. Por último, dado que o processamento de dados de RNA-Seq é computacionalmente dispendioso e moroso, é também desejável que o software possa tirar partido da paralelização.

Em resumo, para o processamento de dados de RNA-Seq, o controlo da qualidade da sequenciação, o alinhamento das sequências, o controlo da qualidade do alinhamento e a análise da quantificação são as principais tarefas a incluir numa pipeline. O principal objetivo de uma pipeline é poupar tempo e trabalho através da automatização, da elaboração de relatórios resumidos e de avisos. Outras caraterísticas de fácil utilização, como a portabilidade, a independência da plataforma e a paralelização, são caraterísticas adicionais desejáveis.

Secção 2.2: QueryFuse--- Um algoritmo de deteção de fusão de genes específicos

Tal como referido na secção 1.1.3, existem mais de 18 algoritmos de deteção de fusão baseados em RNA-Seq. De um modo geral, podem ser classificados em dois grupos: abordagens baseadas em fragmentos e abordagens baseadas em pseudo-referências. A principal diferença

A diferença entre as duas abordagens é o que é utilizado como referência. As abordagens baseadas em fragmentos utilizam apenas a referência fornecida, enquanto as abordagens baseadas em pseudo-referência utilizam também a pseudo-referência gerada pela montagem de novo. Em comum, ambas as abordagens dividem as leituras em fragmentos para detetar pontos de rutura de fusão. Embora cada algoritmo tenha os seus próprios truques, incluindo a forma de dividir as leituras, a maior parte deles utiliza o método da semente. O método da semente divide aleatoriamente cada uma das leituras alvo em "sementes" mais pequenas (pequenas leituras com um comprimento fixo) e, em seguida, alinha estas sementes com a referência. Ao combinar os alinhamentos das múltiplas sementes de uma leitura, o programa também pode determinar se uma leitura está dividida entre dois genes diferentes. O método das sementes é relativamente dispendioso do ponto de vista computacional, porque são geradas muitas sementes para obter um tamanho de amostra suficiente e apenas algumas delas podem ser alinhadas.

A minha abordagem ao alinhamento de leituras de fusão é diferente e está especificamente adaptada ao manuseamento de leituras de divisão. Como se mostra na Figura 2.1, cada par de leituras de divisão consiste numa extremidade que se alinha inteiramente com um determinado gene (a extremidade não dividida) e uma extremidade dividida entre dois genes (a extremidade dividida). É importante notar que uma parte da extremidade dividida se alinha com o mesmo gene que a extremidade não dividida (gene X na Figura 2.1), e a minha deteção de fusão tira partido desta informação. Especificamente, 1) primeiro determina o gene ao qual a extremidade não dividida se alinha; 2) depois efectua um alinhamento local da extremidade dividida com esse mesmo gene; 3) finalmente, efectua um alinhamento global da parte da extremidade dividida que não se alinhou pelo procedimento local. A dependência de um alinhamento local (passo 2) permite a adoção de um alinhador local mais preciso, como o blat, e reduz assim as hipóteses de falsos positivos.

Em princípio, este algoritmo poderia ser adotado no âmbito de um algoritmo global de deteção de fusão. No entanto, meu foco nesta dissertação é o problema de deteção de fusão específica de genes, a deteção de parceiros de fusão para um ou poucos genes selecionados de interesse, que é extremamente útil para os biólogos e serve como uma prova de conceito da abordagem proposta. Para o efeito, desenvolvi o QueryFuse. Tanto quanto sei, o QueryFuse é o primeiro e único algoritmo de deteção de fusão específica de genes atualmente disponível.

Secção 2.2: SimFuse Um Simulador de Fusão Baseado em RNA-Seq

Entre as 18 ferramentas de deteção de fusão enumeradas na Tabela 1.1, metade dos métodos (EricScript (Benelli et al. 2012), defuse (McPherson et al. 2011), Fusionfinder (Francis et al. 2012), FusionMap (Ge et al. 2011), FusionSeq (Sboner et al. 2010), FusionQ (Liu et al. 2013), ShortFuse (Kinsella et al. 2011), SOAPfuse (Jia et al. 2013) e TophatFusion (Kim & Salzberg 2011)) utilizaram dados de simulação de fusão baseados em RNA-Seq para estimar o desempenho, o que mostra a importância dos dados de simulação no desenvolvimento de ferramentas. EricScript, deFuse, Fusionfinder, FusionMap, FusionSeq, SOAPfuse e ShortFuse utilizaram os seus próprios dados de simulação, enquanto o TophatFusion utilizou os do FusionMap e o FusionQ utilizou o método do EricScript para simular. Apenas o conjunto de dados de simulação do FusionMap está disponível publicamente, enquanto todos os outros tinham apenas breves descrições nas suas secções de métodos. No entanto, o conjunto de dados do FusionMap tem apenas uma amostra com 50 fusões de vários números de leitura de suporte, o que não é suficiente para obter poder estatístico. O EricScript tem uma função integrada para simular um número limitado de leituras de fusão, mas não está disponível uma simulação sistemática de dados de fusão com poder estatístico.

O principal desafio na geração de dados simulados consiste em controlar os verdadeiros positivos e os verdadeiros negativos, mantendo uma distribuição de fundo realista que modele com precisão as múltiplas fontes de ruído, frequentemente correlacionadas. Na simulação da fusão, as fontes de aleatoriedade incluem principalmente a localização dos pontos de quebra, o comprimento dos fragmentos de uma extremidade de divisão e as mutações (ou seja, diferenças em relação ao genoma de referência). Em geral, os pontos de quebra aleatórios podem ser facilmente simulados. Os comprimentos aleatórios dos fragmentos da extremidade de divisão têm de ser limitados para evitar a geração de fragmentos excessivamente curtos e, por conseguinte, não alinháveis. Por conseguinte, os utilizadores devem ter a possibilidade de controlar o comprimento dos fragmentos na extremidade de separação para garantir que os verdadeiros positivos simulados são detectáveis. A mutação aleatória é a mais difícil de simular realisticamente, porque as taxas de mutação variam ao longo do genoma e atualmente não são totalmente compreendidas. A presença de mutações pode transformar uma fusão verdadeiramente positiva numa negativa. Assim, a taxa de mutação nas simulações deve ser cuidadosamente controlada.

Para obter uma estimativa sistemática e estatisticamente fiável do desempenho dos algoritmos de deteção de fusões, dependendo do número de caraterísticas a controlar, a dimensão da amostra da simulação pode ser significativamente grande. Por exemplo, apenas para avaliar o desempenho específico da leitura de apoio, controlando o número de divisões e extensões com um rácio específico, são necessárias pelo menos três simulações (o número geral de réplicas em experiências biológicas) com 100 fusões (para atingir 1% de precisão). Entretanto, para estimar a distribuição estatística, são necessárias réplicas (R). Neste caso, são necessárias pelo menos $3 \times 100 \times R$ fusões. Se forem consideradas diferentes taxas de mutação, a dimensão da amostra será ainda maior. Por conseguinte, é necessário um simulador de fusão baseado em RNA-Seq bem concebido, capaz de gerar automática e sistematicamente dados de simulação com a dimensão correta.

Secção 2.4: PREF --- Uma ferramenta de validação da fusão in silico

A deteção de fusões está a tornar-se um componente geral na investigação transcriptómica do cancro utilizando dados de RNA-Seq. A norma de ouro para validar a fusão detectada é uma série de experiências, incluindo hibridação in situ fluorescente (FISH), amplificação rápida de extremidades de cDNA (RACE) e PCR. Todos estes métodos requerem sondas bem concebidas e esforço e tempo para a realização de experiências. Por conseguinte, os biólogos precisam de reduzir corretamente os candidatos à fusão para os mais fiáveis. Uma forma tradicional de os biólogos desenvolverem computacionalmente a confiança nas fusões detectadas consiste em procurar leituras de apoio de um visualizador genómico integrado (IGV) em torno dos pontos de rutura da fusão. No entanto, esta abordagem é subjectiva e trabalhosa. É surpreendente que não exista nenhum método computacional que possa utilizar os dados de RNA-Seq para validar as fusões detectadas.

Em teoria, uma validação computacional de uma fusão consiste em reanalisar a fiabilidade desta fusão através das leituras de apoio detectadas, ou seja, eliminar as leituras falsas positivas e encontrar as leituras falsas negativas. No cenário perfeito, um detetor de fusão reporta todas as fusões sem leituras falsas positivas ou falsas negativas. No entanto, na prática, as ferramentas de deteção de fusões detectam leituras falsas positivas principalmente devido ao desalinhamento e não detectam leituras falsas negativas principalmente devido à filtragem. Por conseguinte, um método que possa resolver estes dois problemas pode ser utilizado para validar as fusões detectadas, uma vez que as leituras de apoio comunicadas por este método são mais fiáveis.

Um dos desafios da deteção de fusões é o facto de a sequência de referência correta de uma fusão não estar disponível. No entanto, na validação da fusão, isto já não é um problema porque, para cada fusão detectada, a sequência de fusão deve ser fácil de extrair. Por conseguinte, a sequência de fusão detectada pode ser utilizada como referência putativa e um alinhador de sequências normal pode ser utilizado para alinhar as leituras com esta referência em vez de com um genoma. Esta abordagem orientada deve melhorar a sensibilidade e a especificidade da deteção de leituras de apoio à fusão.

CAPÍTULO 3

METODOLOGIAS

Este capítulo é dedicado à descrição pormenorizada das minhas quatro ferramentas desenvolvidas. As definições básicas (Capítulo 2) também são úteis neste capítulo. Na Secção 3.1, apresento o fluxo de trabalho do nosso pipeline de RNA-Seq, Hydra. Fui eu que desenvolvi a versão básica da pipeline de RNA-Seq, e Daniel Gusenleitner e Vinay Kartha, no nosso laboratório, fizeram a engenharia de software adicional e empacotaram-na como Hydra. Assim, nesta dissertação apresento principalmente o meu trabalho original, com uma breve introdução de algumas funcionalidades actualizadas do Hydra. Na Secção 3.2, descrevo em pormenor o fluxo de trabalho do QueryFuse. Na Secção 3.3, apresento o SimFuse sobre como simular fusões baseadas em RNA-Seq a partir de dados reais. A Secção 3.4 é dedicada à descrição do fluxo de trabalho do PREF.

Section 3.1: Pipeline de processamento de dados de RNA-Seq

Na secção 2.1, descrevi o fluxo de trabalho normal e os principais componentes de uma pipeline de RNA-Seq. Aqui, começo com uma breve descrição do invólucro do pipeline e, em seguida, descrevo em pormenor os quatro componentes principais do Hydra: controlo da qualidade da sequenciação, alinhamento das sequências, controlo da qualidade do alinhamento e análise da quantificação.

Para processar várias amostras de cada vez, a entrada do Hydra inclui não só os dados brutos de sequenciação (FASTQ), mas também um ficheiro de anotação (ficheiro 1 do Apêndice) que inclui os nomes das amostras, o controlo dos passos, os parâmetros para a execução dos módulos, etc. O wrapper original foi escrito em shell script. Mas para conseguir uma melhor portabilidade, agnóstica de plataforma e paralelização, o Hydra foi escrito em Python como um pacote anaconda (Continuum Analytics n.d.). Todas as etapas são agrupadas em módulos e todo o fluxo de trabalho é mostrado na Figura 3.1.

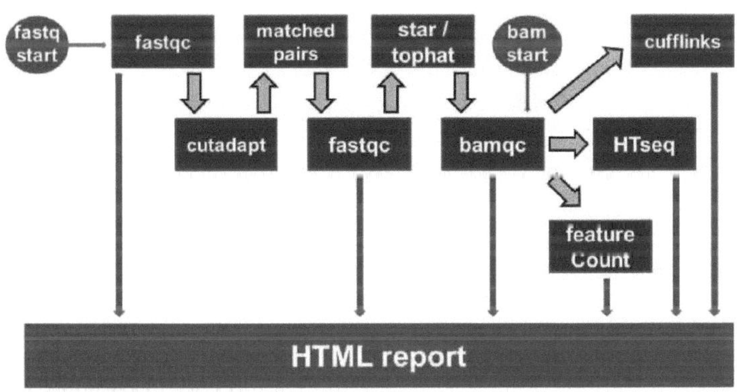

Figura 3.1: Fluxo de trabalho do Hydra. O Hydra utiliza o ficheiro FASTQ como entrada principal e o ficheiro BAM como formato de dados intermédio (assinalado a vermelho). As ferramentas utilizadas estão indicadas nos quadrados azuis escuros e as setas cinzentas orientam o fluxo de dados. As setas pretas indicam os passos, nos quais os resumos dos pontos de controlo e os sinais de erro são enviados para o relatório HTML final.

O controlo de qualidade da sequenciação envolve os passos desde "fastq start" até ao segundo "fastqc" na Figura 3.1. Tal como mencionado na secção 2.1, o FastQC é geralmente utilizado para o controlo de qualidade do ficheiro FASTQ.

As estatísticas de execução e os avisos são enviados para o relatório HTML. Com base no primeiro fastqc ou no conhecimento experimental primário, se os adaptadores forem enriquecidos na amostra, é necessário o corte do adaptador por cutadapt (Martin n.d.) e a correspondência de pares de leitura pelo nosso script personalizado, e será executado outro fastqc para verificar a qualidade após o corte.

A etapa do star/tophat na Figura 3.1 é a etapa de alinhamento da sequência. Atualmente, o Hydra apenas suporta o STAR e o TopHat, mas serão desenvolvidos mais módulos de suporte para outros alinhadores de última geração. Os estados de alinhamento das amostras são enviados para o relatório HTML e, em seguida, o utilizador pode decidir se deve voltar a executar as amostras que falharam.

O controlo de qualidade do alinhamento utiliza os ficheiros BAM do passo de alinhamento como entrada. Na versão original do meu pipeline RNA-Seq, um script R ad hoc reúne estatísticas de qualidade do alinhamento (por exemplo, percentagem de alinhamento, taxas de incompatibilidade, etc.) para assinalar amostras de fraca qualidade. No Hydra, é utilizada uma ferramenta melhor desenvolvida, o BamQC (Andrews n.d.). O resumo da qualidade do alinhamento e os avisos são enviados para o relatório HTML.

A partir deste ponto, procede-se à análise da quantificação utilizando os ficheiros BAM alinhados. Como referido na secção 2.1, não existe uma ferramenta universal para a análise da quantificação. Assim, são utilizadas três abordagens diferentes (contagem de caraterísticas, HTSeq (Anders et al. 2014), Cufflinks (Trapnell et al. 2010)) para fornecer ao utilizador um perfil de expressão abrangente. Os gráficos de resumo de cada abordagem são enviados para o relatório HTML para ajudar o utilizador a tomar decisões sobre a análise integrativa a jusante.

Section 3.2: QueryFuse

O QueryFuse consiste em três etapas principais (Figura 3.2). 1) Extração de leituras candidatas à fusão que envolvam o gene em questão a partir de dados pré-alinhados. Dado que o realinhamento de todas as leituras para deteção de fusão é o passo mais demorado noutros algoritmos, o QueryFuse utiliza dados pré-alinhados como entrada para poupar tempo e utilizar melhor a informação existente. 2) Classificação dos candidatos à fusão. As leituras candidatas à fusão são cuidadosamente separadas em diferentes categorias (Figura 3.3), sendo as leituras de cada categoria analisadas por métodos específicos da categoria, com o objetivo de maximizar a precisão da deteção da fusão e as taxas de recuperação. 3) Sumarização dos resultados.

Os resultados de todas as categorias são fundidos. Para aumentar a exatidão, são aplicados vários filtros para remover possíveis falsos positivos. Para ajudar o utilizador a interpretar os resultados, dou prioridade às fusões fiáveis através da classificação específica das caraterísticas dos eventos de fusão detectados. Na última etapa, os relatórios de resumo são gerados automaticamente nos formatos HTML e texto.

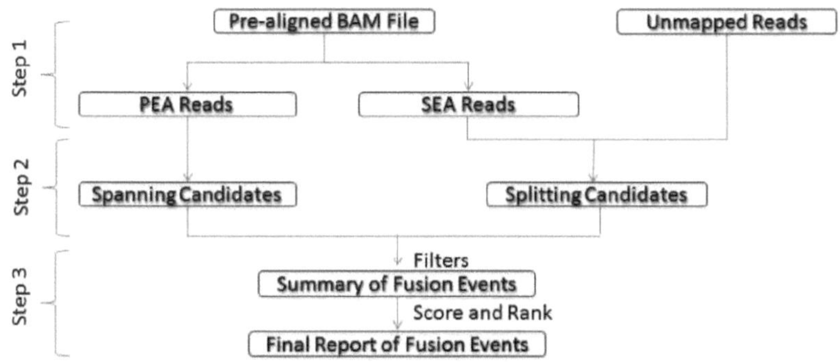

Figura 3.2: Fluxo de trabalho do QueryFuse. O passo 1 consiste em dividir o ficheiro BAM pré-alinhado em leituras PEA e SEA. O passo 2 consiste em extrair candidatos a spanning das leituras PEA e candidatos a splitting das leituras SEA e não mapeadas. No passo 3, estes candidatos são resumidos e filtrados para obter o resumo dos eventos de fusão e para produzir o relatório final dos eventos de fusão após a pontuação e a classificação.

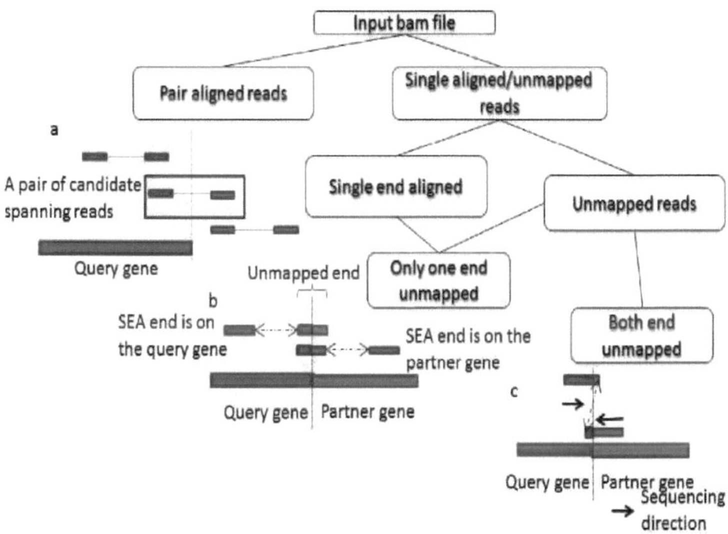

Figura 3.3: Categorias de leituras de candidatos à fusão. As caixas vermelhas representam o gene consultado e as caixas azuis representam o gene parceiro (que é geralmente desconhecido nesta fase). A linha tracejada representa os limites da fusão. a) A categoria de processamento de extremidade emparelhada utiliza leituras PEA como entrada e extrai apenas as leituras PEA, aquelas com uma extremidade alinhada com o gene de consulta e a outra extremidade alinhada com o(s) gene(s) parceiro(s), como um par de leituras candidatas de divisão. b) A categoria de processamento de extremidade única utiliza leituras SEA e as suas leituras complementares não mapeadas como entrada. Para ser um par de leituras de divisão candidatas, as leituras SEA podem estar no gene de consulta ou no(s) gene(s) parceiro(s), enquanto as suas leituras complementares não mapeadas devem estar parcialmente no gene de consulta e a outra parte no(s) gene(s) parceiro(s). c) A categoria de processamento de pares não mapeados utiliza pares de leituras como entrada, em que ambas as extremidades não estão mapeadas. Para ser um par de leituras candidatas à divisão, as duas leituras devem sobrepor-se e os limites da fusão devem estar na região sobreposta. Além disso, as duas leituras têm de ser

sequenciadas a partir da direção oposta. Entretanto, se a maior parte de uma extremidade estiver no gene de consulta, a maior parte da outra extremidade deve estar no gene parceiro.

Secção 3.2.1: Extração de leituras candidatas à fusão que envolvem o gene de consulta a partir de dados pré-alinhados

O QueryFuse foi concebido para detetar todos os eventos de fusão candidatos que envolvam um determinado gene de interesse (o gene de consulta) a partir de dados de RNA-Seq pré-alinhados.

Neste estudo, embora tenha utilizado dados alinhados do TopHat (Trapnell et al. 2009) como entrada, os resultados de outros métodos de alinhamento também podem ser utilizados. As leituras alinhadas são separadas em leituras PEA e SEA. As leituras PEA parcialmente alinhadas com o gene de consulta são recolhidas como candidatos a spanning. As leituras SEA e BEU parcialmente alinhadas com o gene em questão a partir do alinhador local são extraídas como candidatas à divisão. (Atualmente utilizo o blat como alinhador local, mas outros alinhadores locais, como o blast (Altschul et al. 1990), Stellar (Kehr et al. 2011) serão suportados no futuro).

Secção 3.2.2: Classificação dos candidatos à fusão em diferentes categorias

As leituras de apoio à fusão candidatas são agrupadas em três categorias (Figura 3).

A primeira categoria é o processamento de extremidades emparelhadas (Figura 3.3a). Apenas os pares de leituras, que têm uma extremidade alinhada com o gene de consulta e a outra extremidade alinhada com outros genes, são retidos como pares de leituras abrangentes.

A segunda categoria é o processamento de extremidade única (Figura 3.3b), a caraterística mais distintiva do algoritmo QueryFuse.

Num par de leituras SEA, utilizo a informação genética da extremidade SEA para localizar de forma fiável a localização do ponto de quebra na extremidade não mapeada. Uma vez que estou à procura de leituras candidatas à fusão que envolvam o gene em questão, parto do princípio de que a extremidade não mapeada é composta por duas partes: a parte do gene em questão e a parte de um gene desconhecido. Assim, as extremidades não mapeadas nos pares de leituras SEA são alinhadas localmente com o gene de pesquisa para obter a parte do gene de pesquisa. Para confirmar onde a parte de um gene

O gene desconhecido é de, dependendo de onde a extremidade SEA se alinhou, existem duas subcategorias: SEA end está no gene de consulta e SEA end está nos genes parceiros (Figura 3.3b). Se a extremidade SEA estiver no gene de consulta, alinho globalmente a peça de um gene desconhecido com o genoma.

Se a extremidade SEA estiver nos genes parceiros, alinho localmente a parte de um gene desconhecido com o gene onde se encontra a extremidade SEA, para confirmar que o gene desconhecido é de facto o gene parceiro onde se encontra a extremidade SEA.

A última categoria é o processamento de pares não mapeados (Figura 3.3c). Se duas extremidades de um par de leituras estiverem sobrepostas e o ponto de rutura da fusão estiver nesta região sobreposta, nenhuma das extremidades pode ser alinhada pelo alinhador. Dado que os eventos de fusão que envolvem o gene em causa são os alvos, ambas as extremidades de um par de leituras são alinhadas localmente com o gene em causa e, em seguida, as porções não mapeadas são alinhadas globalmente com o genoma. Quando os limites de fusão de dois genes, onde ambas as extremidades de um par se alinham, são os mesmos, este par de leituras é considerado um par de leituras de divisão. Além disso, utilizo as caraterísticas da direção de sequenciação e do comprimento de divisão como critérios (Figura 3.3c).

Secção 3.3.3: Síntese de resultados

Para resumir o resultado ao nível do evento de fusão, as leituras de extensão e de divisão de cada evento de fusão são fundidas através da sua informação de localização do alinhamento.

Para cada evento de fusão, uma vez que os limites de fusão das suas leituras de divisão devem ser os mesmos, o QueryFuse (QF) utiliza os limites de fusão das leituras de divisão (da categoria de processamento de extremidade única e da categoria de processamento de pares não mapeados) como representantes de eventos de fusão e chaves para procurar pares de leituras de divisão complementares.

Para avaliar o número de alinhamentos múltiplos para cada evento de fusão, é gerada uma sequência de fusão consensual utilizando todas as leituras de divisão de apoio (N), que é alinhada localmente com o genoma. Se a sequência de consenso puder ser alinhada igualmente bem em M localizações diferentes no genoma, considero essas localizações como alinhamentos múltiplos.

O número de leituras de divisão para cada localização de alinhamento deste evento de fusão é igual a N/M (Figura 3.4). Se o alinhamento no gene de consulta e o alinhamento no gene parceiro da fusão tiverem uma região sobreposta, defino esta região como a "região deslocada" (o que significa que a deslocação da localização do ponto de interrupção nesta região não altera a sequência de fusão) e o seu comprimento como "intervalo deslocado" (Figura 3.5).

O ponto de interrupção da fusão será ajustado para o meio desta região. Caso contrário, não há ajuste do ponto de interrupção da fusão para este evento de fusão porque o "intervalo deslocado" é zero. Além disso, a sequência de consenso é essencial para eliminar falsos positivos causados pela semelhança das sequências. Se a sequência de consenso se alinhar bem com o gene parceiro de fusão (<23 pb não mapeado), este evento de fusão é considerado um falso positivo, porque, neste caso, a sequência de consenso pode provir apenas do parceiro de fusão. Foi considerado um candidato de fusão apenas porque o gene de consulta tem uma longa região homóloga com este parceiro de fusão.

Depois de ajustar os limites de fusão dos eventos de fusão, as leituras de extensão (da categoria de processamento de extremidades emparelhadas) são atribuídas a eventos de fusão relacionados. Se um evento de fusão tiver M alinhamentos múltiplos, mas apenas *M'* de M tiverem leituras de extensão correspondentes, o número de alinhamentos múltiplos será ajustado para *M'* em vez de M (Figura 3.4). O resto das leituras abrangentes, que não estão atribuídas a quaisquer eventos de fusão com leituras de divisão, são auto-agrupadas em eventos de fusão apenas abrangentes pelas suas localizações de alinhamento.

Para reduzir os falsos positivos, todas as fusões comunicadas são filtradas por parâmetros definidos pelo utilizador, incluindo o requisito mínimo de divisão, extensão e total de leituras de suporte.

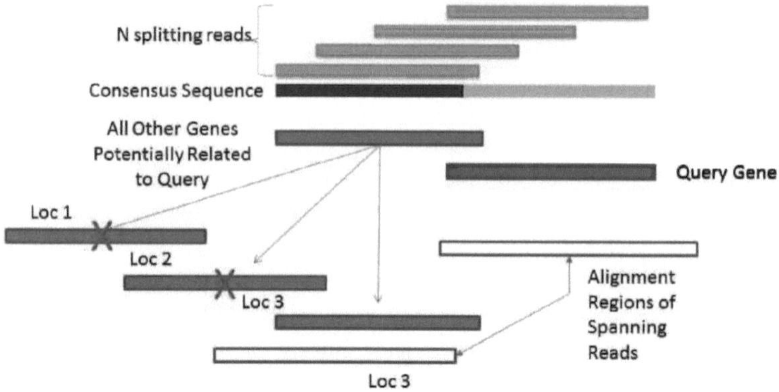

Figura 3.4: Condição de alinhamento múltiplo. Para cada evento de fusão detectado, todas as suas leituras de divisão (azul claro) são utilizadas para construir a sequência de consenso representativa do produto de fusão de dois genes. Esta sequência de consenso tem de ter uma parte que se possa alinhar com o gene de consulta (vermelho), enquanto o outro lado da sequência de consenso se alinha com outras localizações (azul escuro) na referência. Se o número de localizações for superior a um, este evento de fusão tem alinhamento múltiplo. Neste caso, todas as localizações (por exemplo, 3 neste caso) são registadas e combinadas com as regiões de alinhamento das leituras de extensão correspondentes (branco). Apenas a(s) localização(ões) suportada(s) pelas regiões de alinhamento da maioria das leituras de extensão (ou seja, Loc 3) é extraída(s) como representante(s) do evento de fusão.

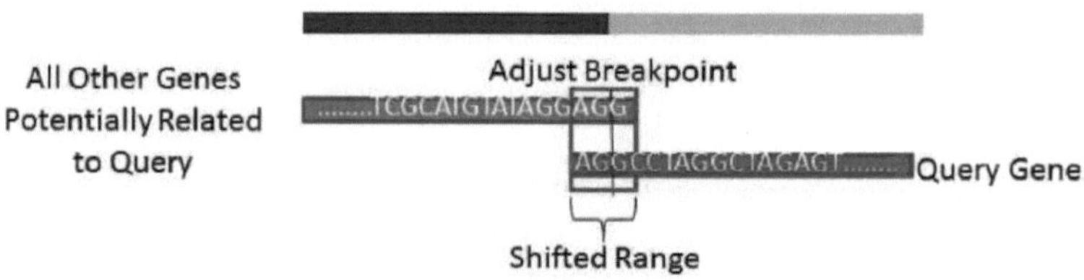

Figura 3.5: Ajuste do ponto de rutura da sequência de consenso. Quando a sequência de consenso é alinhada localmente com o gene de consulta (vermelho) e com todos os outros potenciais parceiros detectados (azul), os dois alinhamentos podem ter uma pequena região de sobreposição (ou seja, AGG) em torno do ponto de rutura da fusão. Uma vez que a sequência desta região é a mesma nos dois alinhamentos, independentemente da localização do ponto de rutura da fusão nesta região (por exemplo, A-GG ou AG-G), o produto da fusão não é alterado. Consequentemente, a dimensão da região de sobreposição é designada por intervalo deslocado e o ponto de interrupção é ajustado para o meio desta região como representante do evento de fusão.

Para dar prioridade a fusões importantes e fiáveis, são utilizadas sete caraterísticas para classificar e reordenar o resultado:

1. Número de leituras de divisão.
2. Número de leituras de extensão.
3. Número total de leituras de apoio (soma das leituras de divisão e de extensão).
4. Grau de dispersão das leituras de divisão. Em teoria, uma amostra sem artefactos de PCR deveria ter leituras de divisão uniformemente distribuídas à volta do ponto de quebra (Apêndice Figura 1). Como resultado, o valor p do teste Kolmogorov-Smirnov (KS) é

utilizado para avaliar a semelhança da distribuição das leituras de divisão com uma distribuição uniforme.

5. Similaridade de sequência em torno do ponto de rutura do par de genes de fusão. A partir da literatura, verifico que muitas fusões validadas têm uma "região deslocada" (Villarreal et al. 2012). Como resultado, utilizo o "intervalo deslocado" para avaliar a semelhança em torno do ponto de quebra do par de genes de fusão. No entanto, se o intervalo deslocado de uma fusão for superior a 23 pb, considero-o um falso positivo com uma região homóloga e filtro-o.
6. Complexidade da sequência em torno do ponto de rutura no intervalo de 30 pb, medida pela entropia de dinucleótidos E:

$$E = \sum_{i=1}^{16} -P_i * \ln(P_i)$$

A soma é sobre as $4^2 = 16$ combinações possíveis de dinucleótidos. P_i indica a frequência com que a i' combinação ocorre no intervalo de 30 pb.

Uma baixa entropia corresponde a uma baixa complexidade. I filter fusions with entropy$\leq$ 0.7 ($2 \times -0.5 \times \ln(0.5) = 0.69$, which stands for the extreme scenario when the sequence is composed of only two types of dinucleotide, e.g. AAAAAAAAAAAAAAATATATATATATATAT).

7. Número de alinhamentos múltiplos. As fusões com um único local de alinhamento são consideradas mais fiáveis. Por outro lado, quanto mais alinhamentos uma fusão tiver, menos fiável é.

A cada fusão é atribuída uma pontuação S_{rank} igual à soma das classificações das caraterísticas acima descritas, $S_{rank} = R_{split} + R_{span} \times 2 + R_{total} + R_{dispersion} + R_{shifted\_range} + R_{complexity} + R_{multiple\_alignment}$, com $R(X)$ a representar a classificação da caraterística X. A classificação do número de leituras de extensão (R_{span}) tem um peso de 2 porque, em geral, R_{span} é duas vezes mais importante do que as outras caraterísticas. Isto deve-se ao facto de, num procedimento normal de preparação de bibliotecas, o tamanho da inserção ser negativo, o que faz com que as fusões com leituras de extensão sejam um forte indicador de verdadeiros positivos.

Secção 3.3.4: Implementação, disponibilidade e recursos de dados

O QueryFuse é implementado em shell script, python, perl e R. Uma execução com uma consulta (60 kb) em 52 milhões de leituras de extremidade emparelhada é concluída em cerca de 215 minutos (80 minutos de pré processamento e 135 minutos de consulta) utilizando um núcleo num processador Intel Xeon E5-2670 de oito núcleos a 2,6 GHz com 64 GB de memória. O tempo de pré-processamento e o tempo de consulta dependem do número de leituras e o tempo de consulta também depende do comprimento do gene de consulta. O QueryFuse é capaz de executar em paralelo diferentes consultas com vários processadores.

O genoma humano (hg19) foi descarregado do sítio Web Tophat. Foi descarregado um ficheiro de anotação de genes do hg19 a partir do biomart, com destaque para protein_coding como gene type (http://useast.ensembl.org/biomart/).

Para salvar potenciais fusões de genes com parceiros que se situam parcialmente fora da região de anotação do gene, foi gerado um ficheiro de anotação de genes expandido a partir do ficheiro de anotação de genes normal, alargando a sequência de referência de cada gene em 5 000 pares de bases a montante e a jusante da região do gene.

Todos os ficheiros de dados e conjuntos de dados de referência estão disponíveis como parte do pacote de software QueryFuse no github (https://github.com/yuxiangtan/QueryFuse).

Section 3.3: SimFuse

A entrada para o SimFuse consiste num ficheiro BAM alinhado por pares de extremidades com um comprimento de leitura conhecido e uma distribuição de comprimentos de fragmentos (o insert-size tem de ser positivo para simular leituras de spanning que sigam esta distribuição). O SimFuse é constituído pelos quatro módulos seguintes (Figura 3.6):

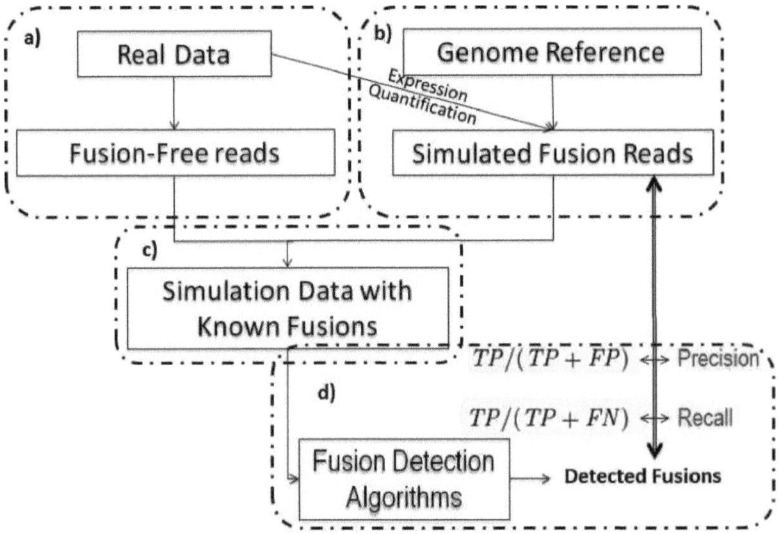

Figura 3.6: Fluxo de trabalho do SimFuse. a) As leituras sem fusão são extraídas dos dados reais. b) O perfil de expressão dos dados reais e uma referência do genoma são utilizados para simular leituras de fusão. c) As leituras sem fusão e as leituras de fusão simuladas são fundidas. d) A execução de algoritmos de deteção de fusão neste conjunto de dados de simulação gera resultados de fusões detectadas. Ao comparar estes resultados com a lista de fusões simuladas, os utilizadores podem estimar o desempenho (recuperação e precisão) dos algoritmos.

1. Extração de leituras sem fusão a partir do ficheiro BAM de entrada, para construir a distribuição de leituras de fundo. Geralmente, é preferível um conjunto de dados reais de doentes ou linhas celulares. A vantagem de utilizar dados reais para gerar o fundo é que imita o ruído de fundo em dados reais e também capta a variação realista dos níveis de expressão dos genes. Para filtrar todas as potenciais leituras que apoiam a fusão a partir dos dados reais, apenas são mantidas as leituras alinhadas em pares consistentes com a distribuição dos comprimentos dos fragmentos.
2. Simulação de leituras de suporte de fusão. Para controlar totalmente a simulação, o

SimFuse utiliza uma referência do genoma (por exemplo, hg19.fa) como modelo para gerar leituras de apoio para fusões simuladas (Figura 3.7). Primeiro, os genes são divididos em M subgrupos de expressão com base no número correspondente de leituras brutas nos dados de entrada. A definição predefinida de M subgrupos de expressão corresponde a contagens de leituras brutas em $[0 \sim 10)$, $[10 \sim 10^{2})$, $[10^{2} \sim 10^{3})$, ... , $[10^{M-1} \sim 10^{M}]$. Para cada subgrupo de expressão, N (o número de fusões a simular num grupo; N=100 por defeito) genes são escolhidos aleatoriamente sem substituição como genes de fusão. Para cada gene de fusão, um parceiro de gene de fusão é selecionado aleatoriamente de cada um dos subgrupos de expressão. Para cada par de genes, são simulados pares de leituras de divisão e de extensão utilizando a sequência de referência destes genes. Para cada exão selecionado, a região para gerar leituras de simulação é o comprimento de leitura × 3 em torno de um limite de exão. Para os pares de leituras de extensão, será gerada aleatoriamente uma leitura de extensão em cada parceiro, enquanto o par inteiro deve seguir a distribuição do comprimento do fragmento. Para cada leitura de divisão, um comprimento aleatório é escolhido para um parceiro e o comprimento complementar é gerado no outro parceiro. Para encaixar a leitura de divisão num par, será gerada aleatoriamente uma leitura de acompanhamento que siga a distribuição dos comprimentos dos fragmentos. Com base na distribuição do tamanho do fragmento, o rácio entre o número de leituras de divisão e o número de leituras de extensão (rácio entre leituras de divisão e extensão) deve seguir a equação: #splitting/#spanning = read_length × 2/(comprimento do fragmento read_length × 2). No final deste processo, é gerado um total de M × N × M eventos de fusão, com N eventos de fusão para cada uma das combinações M × M de grupos de expressão. Finalmente, todas as leituras simuladas são fundidas com as leituras de fundo num ficheiro FASTQ recém-criado e é gerada uma lista de pares gene-fusão.

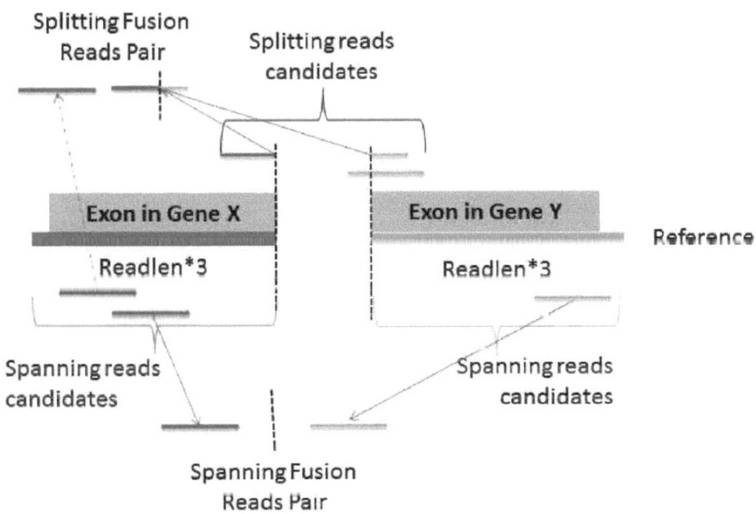

Figura 3.7: Fluxo de trabalho da geração de leituras de apoio à fusão. Um exão no gene X e um exão no gene

Y são escolhidos aleatoriamente. Os limites do exão são utilizados como limites da fusão. As leituras de extensão são geradas aleatoriamente dentro do intervalo (comprimento de leitura × 3, por defeito) a partir dos limites. Para gerar uma leitura de divisão, uma peça em torno de cada um dos dois limites, que somam o comprimento de leitura, é fundida. Uma leitura de extensão é gerada aleatoriamente a partir de qualquer um dos dois exões para corresponder à leitura de divisão num par de leituras de divisão.

3. Wrapper para a simulação automática de múltiplos conjuntos de dados com diferentes leituras de suporte. Para estimar completamente o desempenho de um algoritmo de deteção de fusão, é necessário um conjunto de dados simulados com amostras suficientemente grandes. Além disso, o desempenho de um algoritmo de deteção de fusão pode variar em função do número diferente de leituras de suporte. Para ser mais fácil de utilizar, o SimFuse tem uma função que gera simultaneamente K simulações com L combinações diferentes de números de leituras de apoio, que acabam por ser um total de M × N × M × L × K eventos de fusão.
4. Geração de um resumo dos resultados de deteção de fusão dos algoritmos para toda a simulação. Para comparar os resultados da deteção de fusão de diferentes algoritmos de forma eficiente, converto estes resultados num formato uniforme e utilizo uma função SimFuse para resumir (Figura 3.8).

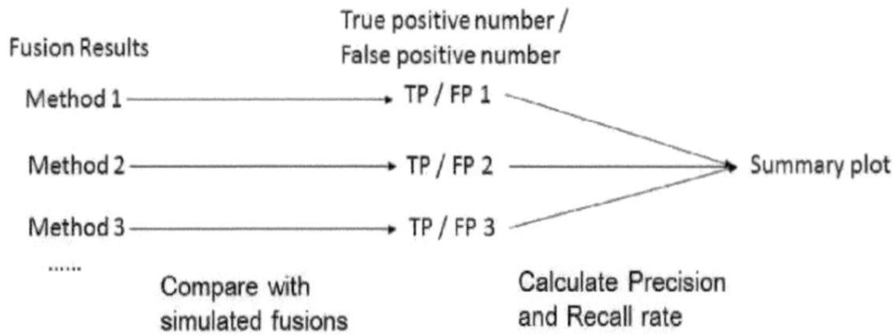

Figura 3.8: Fluxo de trabalho da síntese do desempenho dos resultados dos algoritmos de deteção de fusão. Para obter os TPs e FPs, para cada algoritmo de deteção de fusão, o resultado da fusão é comparado com a lista de fusões simuladas. As taxas de precisão e de recuperação são calculadas utilizando o número de TPs e FPs. O gráfico de resumo do desempenho é gerado utilizando as taxas de precisão e de recuperação dos algoritmos.

Para estimar o desempenho de um algoritmo de deteção de fusões, utilizo as taxas de recuperação e precisão em vez de sensibilidade e especificidade. A precisão é mais informativa do que a especificidade, uma vez que na deteção de fusões o número de verdadeiros negativos (TN) é sempre muito maior (~20K genes no genoma humano (Ensembl n.d.)) do que o número de verdadeiros positivos (TP). Consequentemente, a menos que o número de falsos positivos (erros de tipo I) seja extremamente elevado, a especificidade será sempre próxima de 1 e não captará adequadamente a diferença entre algoritmos de deteção concorrentes.

Recuperação: verdadeiro positivo / (verdadeiro positivo + falso negativo)

Precisão: verdadeiro positivo / (verdadeiro positivo + falso positivo)

Secção 3.4: PREF

O PREF é um método de validação de fusão baseado em referências putativas e in silico. Há três etapas principais no fluxo de trabalho do PREF (Figura 3.9): geração da referência putativa, alinhamento da sequência com a referência putativa (por Bowtie2 (Langmead & Salzberg 2012)) e resumo das leituras de apoio.

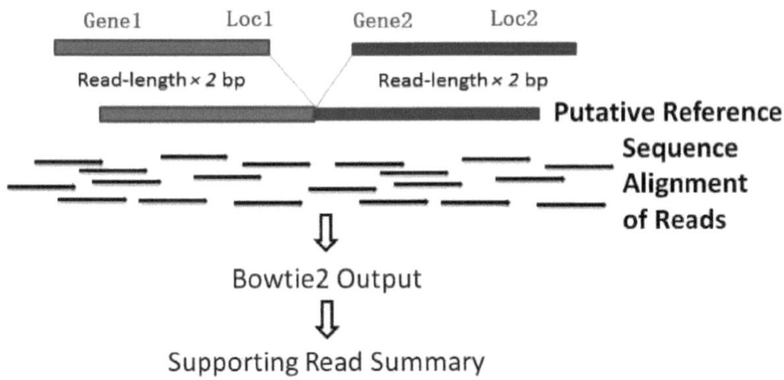

Figura 3.9: Fluxo de trabalho do PREF. A referência putativa é gerada pela fusão de regiões de comprimento de leitura × 2 pb em torno dos pontos de rutura de fusão fornecidos (Loc1 no gene1 e Loc2 no gene2). Todas as leituras na amostra são utilizadas para alinhar com a(s) referência(s) putativa(s) por Bowtie2 (Langmead & Salzberg 2012). As leituras de suporte são exactas a partir das leituras alinhadas e reportadas num resumo.

Para gerar a referência putativa de uma fusão detectada, podem ser utilizadas as localizações genómicas dos pontos de quebra da fusão ou a sequência de fusão comunicada por um detetor. Estas duas formas são ambas suportadas pelo PREF. Na maioria dos métodos de deteção de fusão, apenas estão disponíveis pontos de quebra de fusão, pelo que este cenário é utilizado como exemplo nas descrições que se seguem. Na Figura 3.9, Loc1 no gene1 e Loc2 no gene2 são conhecidos como pontos de interrupção da fusão. Em seguida, as regiões de comprimento de leitura × 2 pb de comprimento junto a estes dois pontos de quebra são exactas e fundidas como referência putativa. Uma vez fornecidas as localizações dos pontos de rutura de fusão das fusões a validar (em geral, diretamente a partir da saída de um detetor de fusão), o PREF gera automaticamente referências putativas dessas fusões. Uma vez que o alinhamento das sequências é a etapa mais morosa, para ser eficiente, se for necessário validar várias fusões, todas as referências putativas são reunidas num conjunto de referências em vez de as alinhar uma a uma.

O Bowtie2 (Langmead & Salzberg 2012) é utilizado como alinhador predefinido para o alinhamento de sequências, uma vez que o Bowtie2 é o alinhador de dados de RNA-Seq sem cortes mais avançado.

A razão para utilizar o alinhador sem emenda em vez do alinhador com emenda (como o Tophat (Trapnell et al. 2009)) é que o objetivo do alinhamento é encontrar leituras perfeitamente alinhadas com a referência putativa, que são as candidatas a leituras de apoio à fusão.

Na etapa de sumarização das leituras de suporte, apenas as leituras que estão perfeitamente alinhadas com a(s) referência(s) putativa(s) e através do ponto de rutura da fusão durante pelo menos N pb são utilizadas como leituras de divisão, enquanto apenas os pares de leituras, nos quais as duas leituras estão perfeitamente alinhadas com os dois lados da fusão separadamente, são considerados como pares de leituras de extensão. No final, para cada fusão detectada, todas as leituras de apoio são listadas num gráfico de alinhamento com a referência putativa.

CAPÍTULO 4

DATASETS

Tal como referido neste capítulo, para avaliar o desempenho das ferramentas propostas, efectuei a validação de três tipos diferentes de conjuntos de dados. Na Secção 4.1, são descritos dois conjuntos de dados de simulação de fusões baseados em RNA-Seq. A Secção 4.2 apresenta três linhas celulares com fusões conhecidas. A Secção 4.3 é dedicada à descrição de dois conjuntos de dados de doentes, incluindo a origem das amostras, a preparação da biblioteca e as motivações biológicas.

Secção 4.1: Conjuntos de dados de simulação

Os dados de simulação são importantes para a avaliação do desempenho dos métodos computacionais. Embora a simulação não possa regenerar totalmente todas as caraterísticas e factores tal como se encontram nos casos reais, os conjuntos de dados de simulação confirmaram os verdadeiros positivos (TPs) e os verdadeiros negativos (TNs), que são os números essenciais para o cálculo da precisão e da recuperação.

Nesta secção, apresento dois conjuntos de dados simulados de fusão RNA-Seq. O conjunto de dados SimFuse foi gerado pelo SimFuse, que é uma das nossas ferramentas propostas, enquanto o conjunto de dados FusionMap é o conjunto de dados de simulação mais acessível e popular.

Secção 4.1.1: Conjunto de dados SimFuse

O conjunto de dados da linha celular ENCODE MCF-7 (SRR521521) foi utilizado como fundo de simulação. Este conjunto de dados consiste em leituras de 76 pb, com um tamanho médio de fragmento de 192 pb e um desvio padrão de 29 pb. Por conseguinte, utilizei um rácio de leitura de divisão para expansão de 19:5 (igual a $76 \times 2 \div (192 - 76 \times 2)$) para a geração das leituras de apoio à fusão.

Em seguida, gerei $K = 100$ simulações independentes e, para cada simulação, gerei $L = 10$ combinações de números de leituras de suporte, variando de 1 leitura de divisão e nenhuma leitura de extensão (1:0) a 100 leituras de divisão e 26 leituras de extensão (100:26), com $N = 100$ eventos de fusão para cada combinação (Tabela 1 do Apêndice). O perfil de expressão não é considerado e $M = 1$, porque os dados já têm 100.000 ($1 \times 100 \times 1 \times 10 \times 100$) fusões.

Todo o procedimento de geração de dados foi executado numa máquina AMD Opteron 6276 de 16 núcleos e 2,3 GHz com 64 GB de memória. Como o SimFuse não suporta atualmente o processamento paralelo, foram necessárias 18,5 horas para concluir esta tarefa utilizando um único núcleo.

Secção 4.1.2: Conjunto de dados FusionMap

Este conjunto de dados provém do FusionMap (Ge et al. 2011) e é utilizado como validação externa. O seu comprimento de leitura é de 75 pb e o tamanho médio do fragmento e de 158 pb. Tem 57209 leituras de extremidade emparelhada e contém 50 eventos de fusão simulados.

Secção 4.1.3: Critérios de aplicação de conjuntos de dados de simulação

Para obter uma comparação justa dos resultados de diferentes algoritmos de deteção de fusão, foram aplicados os seguintes critérios:

1. Apenas foram comparados os resultados filtrados (tanto o deFuse como o QueryFuse têm resultados filtrados e não filtrados).
2. Apenas o cromossoma, os limites da fusão e a direção da fusão foram utilizados como critérios de "correspondência" . Não foram utilizados nomes de genes e IDs de genes porque pode haver mais do que um gene no mesmo local.
3. A direção da fusão foi considerada porque, para qualquer fusão gene1-gene2, pode haver dois eventos de fusão distintos associados aos mesmos limites de fusão: gene1 na extremidade 5' com gene2 na extremidade 3'; e, vice-versa, gene 1 na extremidade 3' com gene2 na extremidade 5'.
4. Para se qualificar como uma fusão verdadeiramente positiva, os limites detectados da fusão devem estar dentro do intervalo de 10 pb dos seus limites simulados.

Secção 4.2: Conjuntos de dados de linhas celulares

Nesta secção, são apresentados três conjuntos de dados RNA-Seq de linhas celulares disponíveis ao público.

As linhas celulares contêm fusões validadas experimentalmente, que são utilizadas para mostrar o poder de deteção dos algoritmos de deteção de fusões. No entanto, devido às alterações dinâmicas das linhas celulares e do seu perfil de expressão, nem todas as fusões validadas são detectáveis. Por conseguinte, utilizei o número detectado de fusões validadas como representante da sensibilidade de cada algoritmo de deteção de fusões:

1. Conjuntos de dados de linhas celulares de cancro da mama (Edgren et al. 2011). Utilizo as linhas celulares BT-474, SK-BR-3 e MCF7. O comprimento de leitura deste conjunto de dados é de 50 pb, o que não é ótimo para o QueryFuse. Encontrei novos conjuntos de dados de sequenciação com comprimentos de leitura mais longos (76 pb ou 101 pb) para estas 3 linhas celulares no DNAnexus Archive (ver Quadro 2 do Apêndice para a identificação da amostra e a distribuição dos comprimentos de leitura). Existem 3 fusões validadas experimentalmente em MCF7, 10 em BT-474 e 7 em SK-BR-3.
2. Conjuntos de dados de linhas celulares de fusão ALK (Voena et al. n.d.). A linha celular H2228 é um cancro do pulmão de células não pequenas (NSCLC) com fusão ALK-EML4 e ALK-PTPN3. A linha celular DHL é um modelo de linfoma anaplásico de grandes células (ALCL) com fusão ALK-NPM1. Tenho 8 amostras sequenciadas neste conjunto de dados, 5 das 8 são linhas celulares H2228 e as restantes 3 são linhas celulares DHL. Embora tenham sido tratadas com produtos químicos no artigo original, as fusões representativas não foram afectadas. Por conseguinte, considerei estas amostras como réplicas das duas linhas celulares.
3. Conjuntos de dados de linhas celulares de cancro da bexiga. No manuscrito SOAPFuse (Jia et al. 2013), são utilizadas duas linhas celulares de cancro da bexiga para detetar fusões e 15 transcrições de fusão são confirmadas experimentalmente.

Secção 4.3: Conjuntos de dados de pacientes

Nesta secção, são apresentados dois conjuntos de dados de doentes, que são utilizados como exemplos práticos. A descrição inclui não só as caraterísticas experimentais, mas também o contexto biológico com hipóteses.

Secção 4.3.1: Modelo de xenoenxerto derivado de doente com linfoma difuso de grandes células B (DLBCL-PDX)

Todas as amostras de doentes com DLBCL foram obtidas da BC Cancer Agency com o consentimento informado por escrito dos doentes, seguindo um protocolo aprovado pelo Conselho de Ética da Investigação Clínica da Universidade da Colúmbia Britânica.

Foram utilizados ratinhos machos NOD SCID IL2Rg^{null} (NSG) de seis a oito semanas de idade (Jackson Laboratory) para o estabelecimento de modelos PDX. Todos os protocolos experimentais relacionados foram aprovados pelo Comité de Cuidados com Animais da Universidade da Colúmbia Britânica (Chapuy et al. n.d.).

Os modelos PDX da cápsula subrenal foram criados conforme descrito anteriormente (Wang et al. 2005; Lee et al. 2005). No final, foram criados com êxito nove modelos DLBCL-PDX. Estes nove modelos foram sequenciados por ARN juntamente com sete amostras primárias de DLBCL humano como controlo.

As bibliotecas de sequenciação foram preparadas a partir de amostras de ARN total utilizando o Illumina® TruSeq® RNA Sample Preparation Kit v2 de acordo com os protocolos padrão.

O ARNm foi isolado utilizando uma seleção de poli(A) baseada em esferas magnéticas, fragmentado e preparado aleatoriamente para transcrição inversa, seguida de síntese de segunda cadeia para criar fragmentos de ADNc de cadeia dupla com um tamanho de fragmentação médio de 150 pb.

Estes fragmentos de cDNA foram então reparados nas extremidades e foi adicionada uma única base "A", tendo os fragmentos modificados sido ligados a adaptadores de sequenciação Illumina® Paired-End. Os produtos foram purificados e amplificados por PCR para criar a biblioteca final de cDNA.

As bibliotecas de amostras individuais foram agrupadas em grupos de quatro para a geração de clusters no Illumina® cBot utilizando o Illumina® TruSeq® Paired-End Cluster Kit. Cada amostra foi sequenciada no Illumina® HiSeq 2000.

Ao contrário de um modelo de ratinho geneticamente modificado, o DLBCL-PDX pode captar a heterogeneidade genética, transcricional e funcional do DLBCL humano primário. Para além de crescerem em meios de cultura como as linhas celulares, os modelos PDX crescem como tecidos dentro dos hospedeiros, o que deve ser mais refletido e fiável. No entanto, o estabelecimento de modelos PDX de DLBCL tem sido historicamente difícil e não existe nenhum estudo atual. Por conseguinte, estabelecemos a caraterização genética e biológica de nove modelos DLBCL-PDX por RNA-Seq e comparámo-los com DLBCL primário para avaliar a semelhança dos modelos PDX com o tecido primário da doença.

Secção 4.3.2: Linfoma primário do doente

De acordo com os protocolos locais do IRB, foram recolhidas 16 amostras de tumores frescos congelados de doentes diagnosticados com linfomas primários do sistema nervoso central (PCNSL) (10 doentes) e linfomas testiculares primários (PTL) (6 doentes) em 4 instituições (Dana-Farber Cancer Institute, Brigham and Women's Hospital, Massachusetts General Hospital, todas em Boston, MA, EUA; Universidade de Friburgo, Alemanha (Bjoern et al. n.d.).

Foi extraído ADN genómico de elevado peso molecular de todos os tumores congelados. O ARN total correspondente foi extraído destas 16 amostras. Processámos WES no ADN e RNA-Seq no ARN correspondente. O RNA-Seq foi executado no Illumina® HiSeq 2000 para gerar leituras de 100 pb de extremidade emparelhada com um tamanho médio de fragmento de 150 pb.

Há três caraterísticas importantes nestas 16 amostras:

1. Ao contrário do linfoma difuso de grandes células B (DLBCL), que é a neoplasia maligna linfoide mais comum e que se apresenta tipicamente em órgãos nodais, os PCNSL e PTL apresentam-se tipicamente em órgãos extranodais (Bjoern et al. n.d.; Cheah et al. 2014; Deckert et al.
   2014). Além disso, os PCNSLs e os PTLs surgem em órgãos não linfóides que eram anteriormente considerados santuários imunitários (Schuuring et al. 2014).
2. Nas 16 amostras, foi colocada a hipótese de uma amostra de PTL (TL-03) ter uma fusão de PD-L2 com um parceiro de fusão desconhecido. O PD-L2 é um ligando da via da morte programada 1 (PD-1), uma via do ponto de controlo imunitário. Como uma nova e poderosa forma de imunoterapia, o bloqueio terapêutico das vias do ponto de controlo imunitário tornou-se um tratamento de mudança de paradigma (Armand 2015), no qual o PD-L2 desempenha um papel importante. Ao aumentar a abundância de PD-L2 na superfície celular, os tumores podem cooptar a via PD-1 para evitar uma resposta imunitária (Ansell et al. 2015). Assim, os anticorpos bloqueadores do PD-1 têm sido utilizados em imunoterapia em tumores sólidos (como o melanoma, o cancro do pulmão e o cancro das células renais) e obtêm respostas clínicas duradouras com um perfil de segurança aceitável (Armand 2015; Ansell et al. 2015) Esta estratégia terapêutica é também utilizada em certos cancros hematológicos. Por exemplo, no linfoma de Hodgkin, um bloqueio PD-1 de agente único produziu taxas de resposta global de 87% e 65% com nivolumab e pembrolizumab, respetivamente (Armand 2015).
3. A partir do resultado da análise preliminar da variação do número de cópias (CNV), encontrámos um pico significativo de ganho de número de cópias no cr9 (Figura 4.1a). Ao fazer zoom nesta região, encontrámos três amostras (setas pretas na Figura 4.1b) com alteração parcial do número de cópias nesta região, enquanto uma delas (seta vermelha na Figura 4.1b, que é a TL-03) tinha a alteração na região do gene PD-L2. No resultado do perfil de expressão dos dados de RNA-Seq, TL-03 (seta vermelha na Figura 4.1c) tem uma sobreexpressão de mais de 100 vezes de PD-L2. Todos estes factos levantaram a hipótese de fusão de que, no TL-03, os elementos de regulação do PD-L2 foram fundidos e substituídos pelos elementos de regulação de um gene desconhecido, o que resulta numa forte sobre-regulação da expressão do PD-L2.

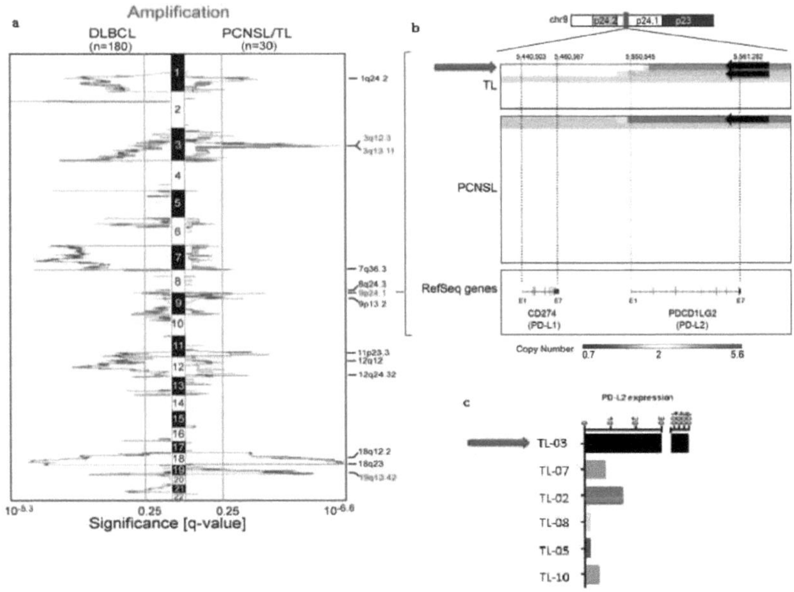

Figura 4.1: CNV e resultados de expressão no estudo do linfoma. a) Resultado do ganho de número de cópias em todo o genoma em 210 amostras de linfoma. O eixo x é o valor q, que representa a significância. O eixo y (no meio) mostra a localização cromossómica no genoma. O grupo da esquerda é DLBCL e o grupo da direita é PCNSL/PTL. As localizações marcadas no lado direito mostram as regiões importantes em PCNSL/PTL. Dentro destas, as regiões marcadas a vermelho são as regiões em PCNSL/PTL, significativamente diferentes de DLBCL. b) O resultado da CNV ampliado na região 9p24.1. Nesta região, apenas cinco amostras apresentam alterações do número de cópias. Três delas (setas pretas) apresentam alterações apenas parciais. Apenas uma (seta vermelha) das três tem a alteração dentro de um gene (PD-L2), enquanto as outras duas têm as alterações mesmo em frente da região do gene. c) Perfil de expressão do PD-L2 a partir de dados de RNA-Seq de seis amostras de PTL. Em TL-03 (seta vermelha), que é a mesma amostra assinalada em b), a expressão de PD-L2 é mais de 100 vezes superior à de todas as outras amostras.

CAPÍTULO 5

RESULTADOS E DISCUSSÃO

Este capítulo é dedicado à apresentação dos resultados e à discussão dos métodos propostos. Na secção 5.1, utilizo o conjunto de dados PDX (secção 4.3.1) como exemplo prático da utilização do Hydra, o pipeline RNA-Seq. A secção 5.2 mostra o desempenho do QueryFuse em conjuntos de dados de simulação (secção 4.1), conjuntos de dados de linhas celulares (secção 4.2) e o conjunto de dados de linfomas primários de doentes (secção 4.3.2). Na secção 5.3, apresento a sensibilidade e a especificidade do PREF e a sua aplicação para validar as fusões detectadas pelo QueryFuse no conjunto de dados de linfomas primários de doentes (secção 5.2.3).

Section 5.1: Pipeline de processamento de dados de RNA-Seq

Secção 5.1.1: Resumo da qualidade da sequenciação

Todas as 16 amostras do conjunto de dados PDX foram executadas com êxito através do pipeline e apresentaram uma qualidade de sequenciação muito boa, registada pelo FastQC. Para a totalidade das leituras de 99 pb, a média e a mediana das pontuações de qualidade da sequenciação em cada base eram todas superiores a 28 (a região verde, Apêndice Figura 2), o que era altamente fiável. Não se verificou qualquer sequência de adaptador enriquecida ou artefactos de PCR.

Secção 5.1.2: Contaminação de tecidos de ratos

Após o alinhamento da seqüência usando o TopHat, foi relatado o resumo da qualidade do alinhamento. Como ilustrado no lado esquerdo da Figura 5.1, encontrei uma amostra que tinha um alinhamento significativamente baixo com o genoma humano, uma indicação de contaminação por tecido de rato, o que me levou a verificar o seu alinhamento com o genoma de rato (lado direito da Figura 5.1). No resumo do alinhamento do genoma do rato, as amostras de controlo tinham quase o mesmo número de leituras alinhadas com o genoma do rato, o que definia a linha de base do ruído de sequenciação combinado com a semelhança de sequências entre os genomas humano e do rato. Pelo contrário, pelo menos 4 das 9 amostras de PDX tinham mais alinhamentos com o genoma do rato do que a linha de base. Além disso, na amostra PDX mais contaminada, aproximadamente 30% do total de leituras alinharam-se com o genoma do ratinho, que é semelhante à percentagem não alinhada com o genoma humano.

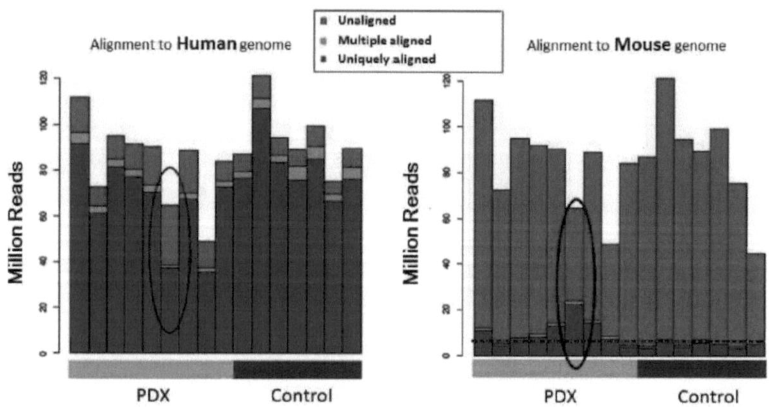

Figura 5.1: Resumo dos números de alinhamento de leituras. A amostra assinalada com um círculo é a que tem

mais contaminação de tecido de ratinho. As barras vermelhas mostram o número de leituras não alinhadas. As barras verdes mostram o número de leituras que têm vários locais de alinhamento. As barras azuis mostram o número de leituras alinhadas de forma única. O eixo x é indexado por ID da amostra e agrupado separadamente em grupos PDX e de controlo. O eixo y indica o número de leituras em milhões. À esquerda está o resumo do alinhamento com o genoma humano, enquanto à direita está o resumo do alinhamento com o genoma do rato. A linha tracejada representa o ruído de fundo da sequenciação combinado com a semelhança de sequência entre os genomas humano e do rato.

Na visão geral das incompatibilidades das leituras alinhadas com o genoma do ratinho (Figura 5.2), as percentagens muito mais elevadas de leituras alinhadas estavam perfeitamente alinhadas nas amostras PDX (>20%) do que nas amostras de controlo (< 5%). Este facto apoiou ainda mais a hipótese de contaminação do tecido do rato nas amostras PDX.

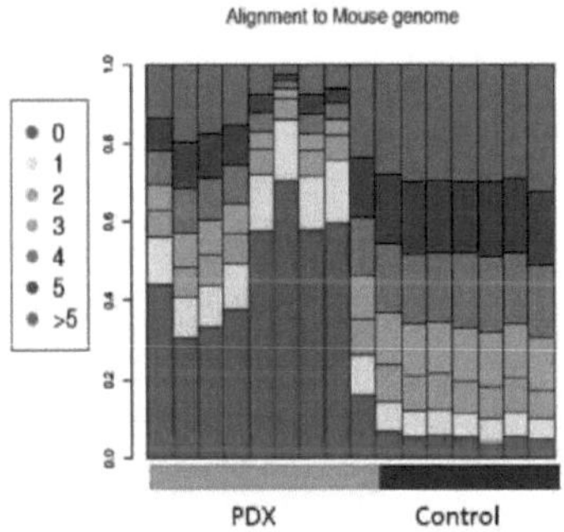

Figura 5.2: Visão geral das incompatibilidades de leituras alinhadas com o genoma do rato. Sete cores representam separadamente a percentagem de leituras alinhadas com 0 a 5 e >5 incompatibilidades. O eixo x é indexado pela ID da amostra e agrupado separadamente em PDX e grupos de controlo. O eixo y indica a percentagem de cada grupo de cores. Na maioria das amostras PDX, mais de 20% das leituras alinhadas estão perfeitamente alinhadas (sem incompatibilidade) com o genoma do rato, enquanto menos de 5% das leituras alinhadas estão perfeitamente alinhadas com o genoma humano.

Secção 5.1.3: Discussão

Para obter uma compreensão abrangente de um estudo de RNA-Seq, são cruciais muitos gráficos de resumo gerados automaticamente pelo Hydra, embora apenas uma parte desses gráficos de resumo no relatório HTML tenha sido mostrada para apoiar a declaração de contaminação do rato. Os restantes gráficos estavam apenas a mostrar as execuções e os resultados eram bons, em vez de serem um sinal de problemas, mas eram necessários. Com a ajuda destes gráficos, poupei tempo na verificação da qualidade das execuções e das amostras. Entretanto, como o pipeline executa tarefas consecutivamente, poupei tempo a responder às tarefas concluídas após cada execução. Em suma, o pipeline acelerou todos os meus projectos baseados em RNA-Seq, gerindo eficazmente o processamento de dados primários de dados de RNA-Seq.

Um relatório abrangente de resumo da qualidade é importante para orientar a análise de dados a jusante. Embora a maioria dos dados de RNA-Seq tenha uma qualidade elevada, para eliminar o ruído, é crucial filtrar os valores atípicos com qualidades baixas, o que se reflecte no resumo da qualidade. Em alguns casos, como o exemplo da contaminação do tecido do rato, a baixa qualidade é causada por factores ajustáveis. Consequentemente, estes factores devem ser ajustados antes da análise a jusante. No estudo PDX, utilizei o meu filtro de contaminação ad hoc para eliminar todas as potenciais leituras de contaminação do rato, o que resultou num perfil de expressão com muito menos ruído para a análise de expressão diferencial a jusante.

Section 5.2: QueryFuse

Nesta secção, o QueryFuse é primeiro validado e comparado com duas ferramentas populares de deteção de fusão (defuse (McPherson et al. 2011) e TophatFusion (Kim & Salzberg 2011)) através de dados de simulação e dados de linhas celulares. Em seguida, o QueryFuse é utilizado no estudo do linfoma (secção 4.3.2) para validar a hipótese de fusão do PD-L2. Entretanto, o deFuse e o TophatFusion são utilizados como segunda opinião.

Secção 5.2.1: Estimativa das taxas de recuperação e precisão a partir de dados simulados

Para estimar a taxa de recuperação e de precisão (Powers 2011), utilizei os conjuntos de dados SimFuse (secção 4.1.1) para comparar o desempenho do QueryFuse, do TophatFusion e do deFuse. A Figura 5.3 e a Tabela 3 e 4 do Apêndice mostram a comparação dos resultados dos três métodos. O QueryFuse teve a maior recuperação e precisão em todas as combinações de leituras de suporte. A maior recuperação alcançada pelo QueryFuse, TophatFusion e deFuse foi de 90%, 84% e 85%, respetivamente. As taxas de precisão do QueryFuse e do deFuse atingem o pico de 99% e 95%, respetivamente. De notar que a taxa de precisão do TophatFusion registou uma ligeira diminuição à medida que o número de leituras de apoio aumenta. Isto pode dever-se ao facto de o risco de o TophatFusion detetar múltiplos eventos de alinhamento aumentar à medida que o número de leituras de apoio aumenta. Além disso, o QueryFuse e o TophatFusion conseguiram detetar fusões com apenas 4 leituras de apoio (3 leituras de divisão e 1 leitura de extensão). Por outro lado, o deFuse necessitou de cerca de 20 leituras de apoio de divisão e 5 leituras de apoio de extensão para obter um desempenho de deteção razoável (75% de recuperação e 95% de taxa de precisão).

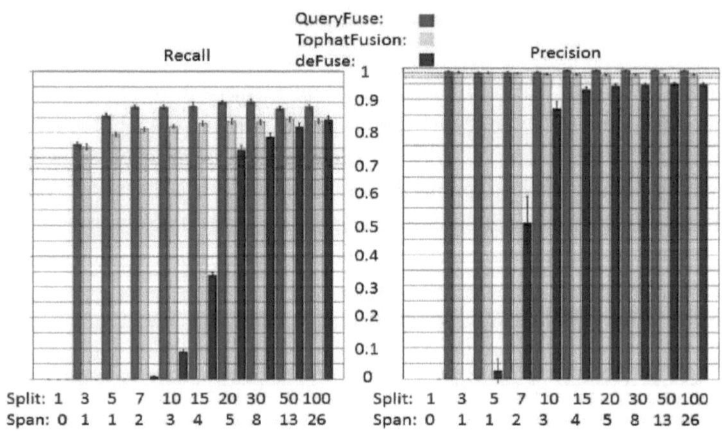

Figura 5.3: Gráfico de barras das taxas de recuperação e precisão para QueryFuse, TophatFusion e deFuse. As

barras vermelhas indicam os resultados do QueryFuse, as barras azuis indicam os resultados do deFuse e as barras amarelas indicam os resultados do TophatFusion. O eixo x é indexado pelos grupos de leitura de suporte, sendo que cada grupo corresponde ao rácio de leitura de divisão para abrangência indicado. O eixo y apresenta as taxas de precisão e de recuperação. Os bigodes superior e inferior representam os limites superior e inferior do intervalo de confiança a um nível de confiança de 95%. A linha tracejada vermelha mostra as estimativas para o QueryFuse a partir do conjunto de dados FusionMap, a linha tracejada amarela mostra as estimativas para o TophatFusion e a linha tracejada azul mostra as estimativas para o deFuse.

Para o conjunto de dados de simulação externa do FusionMap (Ge et al. 2011) (Secção 4.1.2) , o QueryFuse teve a maior taxa de recuperação (36/50 = 72%) e de precisão (36/37 = 97,3%). O TophatFusion foi o segundo (a recuperação é 35/50 = 70% e a precisão é 35/36 = 97,2%). A recuperação do deFuse foi 34/50 = 68% e a sua precisão foi 34/35 = 97,1%.

Secção 5.2.2: Aplicação a conjuntos de dados de linhas celulares

Para os conjuntos de dados do cancro da mama, o número de fusões validadas experimentalmente em linhas celulares foi de 10 em BT-474, 7 em SK-BR-3 e 3 em MCF7 (Edgren et al. 2011) (Quadro 2 do Apêndice). No conjunto de dados com 50 pb de comprimento, que era original do artigo de Edgren et al., o deFuse teve o melhor desempenho (7 em BT-474, 4 em SK-BR-3 e 3 em MCF7). A predefinição do QueryFuse (6 em BT-474, 3 em SK-BR-3 e 3 em MCF7) teve um desempenho semelhante ao do TophatFusion (5 em BT-474, 4 em SK-BR-3 e 2 em MCF7). Uma vez que 50 pb são demasiado curtos para o QueryFuse detetar eficazmente leituras de divisão e o rácio teórico de leituras de divisão:leituras de extensão no BT-474 e no SK-BR-3 é de 1:1, algumas fusões validadas foram suportadas apenas por leituras de extensão no QueryFuse. Se estes eventos de fusão fossem considerados como o resultado alargado do QueryFuse, o QueryFuse (7 no BT-474, 4 no SK-BR-3 e 3 no MCF7) tinha um desempenho tão bom como o deFuse. As fusões validadas não detectadas pelos três algoritmos (2 em BT-474, 2 em SK-BR-3 e 0 em MCF7) têm números de leitura de suporte baixos, o que as torna indetectáveis. Para obter dados com um comprimento de leitura ótimo para o QueryFuse, encontrei conjuntos de dados de RNA-Seq para estas três linhas celulares com um comprimento de leitura mais longo. No entanto, muitas fusões validadas nestas três linhas celulares não foram detectadas (6 em BT-474, 3 em SK-BR-3 e 0 em MCF7), o que revelou potenciais efeitos de lote da variedade de células nas linhas celulares. A predefinição do QueryFuse funcionou tão bem como o deFuse (3 em BT-474, 3 em SK-BR-3 e 3 em MCF7), enquanto o TophatFusion detectou mais uma fusão em SK-BR-3 do que as outras. A fusão CCDC85C-SETD3 também foi detectada no SK-BR-3 pelo QueryFuse, mas suportada apenas por leituras de extensão. A explicação potencial é que esta fusão tem um número baixo de leituras de suporte e o rácio teórico de leituras de divisão:leituras de extensão nesta amostra é de 7:4, o que torna possível que não tenham sido detectadas leituras de divisão desta fusão pelo QueryFuse.

No conjunto de dados ALK, todas as cinco amostras H2228 têm fusões ALK-EML4 e ALK-PTPN3 e três amostras DHL têm fusão ALK-NPM1 (Quadro 5 do Apêndice). O deFuse detectou todas estas fusões, enquanto o QueryFuse falhou um evento de fusão e o TophatFusion falhou três eventos de fusão.

No conjunto de dados da linha celular do cancro da bexiga (Quadro 6 do Apêndice), o deFuse, o TophatFusion e o QueryFuse tiveram o mesmo desempenho (3 em 8 no SRR497884 e 3 em 7 no SRR497885).

Em resumo, embora seja difícil conhecer todos os verdadeiros positivos e verdadeiros negativos das fusões em conjuntos de dados reais, utilizei o número de fusões detectadas a partir das fusões validadas para avaliar a sensibilidade do deFuse, do TophatFusion e do QueryFuse. Para todos os eventos de fusão candidatos, o deFuse e o QueryFuse detectaram o mesmo número de eventos (42 em 68), enquanto o TophatFuion obteve 37.

Secção 5.2.3: Aplicação ao nosso conjunto de dados internos de linfoma

Devido ao ganho parcial do número de cópias do PD-L2 na amostra TL-03, colocámos a hipótese de o PD-L2 estar envolvido num evento de fusão. Como a expressão de PD-L2 foi significativamente aumentada nesta amostra, colocámos a hipótese de os elementos de regulação terem sido substituídos pelo parceiro do gene de fusão (Secção 4.3.2). Utilizando o QueryFuse para consultar o PD-L2, encontrei a fusão hipotética com três isoformas de ARN nesta amostra (Tabela 5.1) (Bjoern et al. n.d.). Todas as isoformas suportaram o mesmo evento de fusão de ADN, no qual os elementos de regulação a montante do PD-L2 foram substituídos por elementos do TBL1XR1. Além disso, executei dois algoritmos globais de deteção de fusão (TophatFusion (Kim & Salzberg 2011) e defuse (McPherson et al. 2011)) para validar esta descoberta e comparei-a com o QueryFuse. O deFuse encontrou duas das três isoformas desta fusão, enquanto o TophatFusion falhou totalmente esta fusão (Tabela 5.1). Esta fusão foi validada experimentalmente por PCR 5'RACE (Bjoern et al. n.d.). O resultado da PCR mostrou a isoforma encontrada pelo QueryFuse, mas não pelo deFuse (negrito na Tabela 5.1).

Gene (Partner)	Breakpoint (Partner)	Gene (Query)	Breakpoint (Query)	Supporting Read # (QF)	deFuse Result	Tophat-Fusion Result	Read # PREF
TBL1XR1	176914910	PD-L2	5522532	63	Yes	No	160
TBL1XR1	**176878661**	**PD-L2**	**5522531**	**23**	**No**	**No**	**78**
TBL1XR1	176914128	PD-L2	5522533	16	Yes	No	32

Tabela 5.1: Isoformas de fusão TBL1XR1 - PD-L2 detectadas pelo QueryFuse. O resultado de três isoformas é comparado com deFuse, TophatFusion e PREF. A segunda isoforma (a negrito) é detectada pelo QueryFuse, validada in silico pelo PREF e a única isoforma validada experimentalmente pelo 5'RACE, mas não é detectada pelo deFuse nem pelo TophatFusion.

A partir dos dados WES, detectei sete fusões que se encontravam em regiões in-frame de genes (Bjoern et al. n.d.). Como resultado, utilizei o deFuse, o TophatFusion e o QueryFuse em dados de RNA-Seq correspondentes para verificar a presença destas fusões (Tabela 5.2). O QueryFuse e o deFuse detectaram o mesmo número de eventos destas fusões, enquanto o TophatFusion não detectou nenhum.

Sample ID	# Fusions from WES	QueryFuse	deFuse	TophatFusion
P_05	1	1	1	0
TL_03	3	3	3	0
TL_05	1	1	1	0
TL_07	1	0	0	0
TL_08	1	0	0	0

Tabela 5.2: Resultados da deteção de fusões a partir de dados de ARN correspondentes sobre fusões in-frame de dados WES.

Secção 5.2.4: Discussão

O QueryFuse é sensível tanto em conjuntos de dados de simulação como em conjuntos de dados reais.

No geral, entre os três métodos, quer em conjuntos de dados de simulação quer em conjuntos de dados reais, o QueryFuse teve o maior número de TPs detectados. No conjunto de dados de simulação do SimFuse, o QueryFuse apresentou as melhores taxas de recuperação e precisão para todas as combinações de leituras de suporte. No conjunto de dados de simulação externa do FusionMap, o QueryFuse também apresentou as melhores taxas de recuperação e precisão. Nos conjuntos de dados de linhas celulares , embora as diferenças de desempenho entre os três métodos não fossem tão significativas como no conjunto de dados de simulação do SimFuse, uma vez que os eventos de fusão em dados reais tinham geralmente várias leituras de apoio, o QueryFuse continuava a ser um dos melhores. Além disso, no conjunto de dados de doentes com linfoma, apenas o QueryFuse conseguiu detetar uma isoforma de ARN extra do evento de fusão, o que foi validado experimentalmente. Isto mostrou que o QueryFuse era potencialmente mais sensível na deteção de isoformas de fusão de ARN do que os métodos de deteção global. No entanto, esta hipótese é difícil de validar e são necessários mais estudos.

O QueryFuse adapta-se melhor a estudos com hipóteses de fusão numa lista de genes.

O QueryFuse é um novo algoritmo que se centra na deteção de fusões específicas de genes a partir de dados de RNA-Seq. O seu ponto forte é testar hipóteses de fusão numa lista de genes de forma fiável e eficiente. Com dados de RNA-Seq alinhados, os utilizadores podem verificar as suas hipóteses de fusão mesmo antes de gastarem tempo em validações experimentais. Ao integrar as alterações do número de cópias com as alterações da expressão genética, os biólogos podem levantar a hipótese de fusão de genes (Bjoern et al. n.d.). Ou com dados de DNA-Seq e RNA Seq correspondentes, os investigadores gostariam de verificar se uma fusão detectada em DNA-Seq é expressa em RNA Seq (Bjoern et al. n.d.) Nestes casos, é mais adequado efetuar uma deteção de fusão específica do gene do que uma deteção de fusão global, e o QueryFuse foi concebido para satisfazer esta necessidade. Além disso, é ineficaz para os biólogos analisarem uma longa lista de fusões a partir de uma ferramenta global de deteção de fusões, porque a maioria das fusões não está relacionada com os genes de interesse. Utilizando o QueryFuse, os investigadores podem concentrar-se apenas nos genes de interesse. Além disso, ao utilizar os resultados classificados, os utilizadores podem dar prioridade às fusões mais fiáveis.

O QueryFuse é rápido se a lista de genes de consulta for inferior a 16 genes.

No exemplo de 52 milhões de leituras de extremidade emparelhada, executadas num único processador, o QueryFuse demorou 215 minutos (80 minutos de pré-processamento + 135 minutos de consulta) a executar uma consulta, enquanto o deFuse demorou 1398 minutos e o TophatFusion demorou 3075 minutos para uma deteção de todo o genoma. Este facto mostra a vantagem computacional da utilização do algoritmo QF. É verdade que, na prática, a execução em modo paralelo pode poupar tempo ao deFuse e ao TophatFusion. Por exemplo, ao executar em 16 processadores, a mesma amostra demorou 150 minutos para o deFuse e 516 minutos para o TophatFusion. O QueryFuse não pode ser executado em paralelo para uma única consulta. No entanto, para X consultas, o QueryFuse pode ser executado em <=X processadores com uma execução única de pré-processamento no início. Para um teste com 16 consultas aleatórias neste exemplo em 16 processadores, o QueryFuse demorou 170 minutos (80 minutos de pré-processamento + 90 (±102) minutos de tempo de consulta). Como resultado, com o mesmo recurso computacional, para uma lista de 16 genes de consulta, o QueryFuse demorou um tempo semelhante ao do deFuse utilizando 16 núcleos. Além disso, como o tempo de consulta está quase linearmente relacionado com o comprimento do gene consultado (Apêndice Figura 3), o QueryFuse tem um desempenho eficiente em genes de consulta curtos. O QueryFuse tem um grande potencial clínico.

No estudo do linfoma, o QueryFuse detectou com sucesso um alvo clínico acionável, uma fusão de PD-L2. Isto pode levar a uma imunoterapia personalizada neste paciente específico. Dado que o QueryFuse é ideal para a deteção de fusões em genes selecionados numa determinada amostra, tem um grande potencial de aplicação na deteção de alvos para a medicina personalizada. Também pode ser utilizado como uma ferramenta eficiente para a deteção de fusões em painéis de sequenciação direcionada.

Section 5.3: PREF

Nesta secção, o PREF é primeiro validado por dados de simulação do SimFuse. Em seguida, o PREF é utilizado no estudo do linfoma (secção 4.3.2) para validar a fusão TBL1XR1 PD-L2.

Secção 5.3.1: Estimativa de desempenho utilizando dados simulados

Para o PREF, estimei a sua sensibilidade e especificidade separadamente.

Para estimar a sensibilidade do PREF, utilizei dados de simulação, que têm 9 grupos de leitura de suporte (Split:Span: 1:1, 1:5, 1:10, 5:1,5:5, 5:10, 10:1, 10:5 e 10:10) e 1600 fusões em cada grupo. Em cada grupo, as fusões simuladas são utilizadas como referências putativas no PREF. A partir dos resultados (Quadro 7 do Apêndice), o PREF demonstrou ser >98% sensível para encontrar leituras de divisão, mas pobre (<60% no máximo) na deteção de leituras de extensão.

Para estimar a especificidade do PREF, utilizei como entrada conjuntos de dados de RNA-Seq sem fusão com um perfil de expressão conhecido. Os exões neste conjunto de dados foram agrupados por contagens brutas de leituras ($[0,10^0]$, $(10^0,10^1]$, $(10^1,10^2]$, $(10^2,10^3]$,

$(10^3,10^4]$, $(10^4,10^5]$ e $>10^5)$. As referências putativas foram geradas aleatoriamente através da fusão de exões por combinações de grupos de contagens brutas. Por exemplo, o grupo 0:0 significa que os dois parceiros de uma fusão são ambos do grupo de contagens brutas de $[0,10^0]$, enquanto o grupo 5:1 significa que o primeiro parceiro de uma fusão é do grupo de contagens brutas de $(10^4,10^5]$, e o segundo parceiro é do grupo de contagens brutas de $(10^0,10^1]$. Existem 49 (7^2) grupos no total, e cada grupo tem 2000 referências putativas aleatórias. A partir dos resultados (Quadro 8 do Apêndice), verifica-se que o PREF tem uma especificidade >99,3% quando é utilizada uma leitura de separação como ponto de corte e >99,8 especificidade quando o ponto de corte é dez leituras de separação.

Secção 5.3.2: Aplicação ao nosso conjunto de dados internos de linfoma

O PREF foi aplicado ao nosso conjunto de dados de linfoma primário de doentes (Secção 4.3.2) para validar as três isoformas detectadas pelo QueryFuse (Secção 5.2.3). A Tabela 5.1 mostra que o PREF foi capaz de detetar as três isoformas com mais do dobro das leituras de apoio em comparação com o QueryFuse. Isto mostra que o PREF não é apenas uma ferramenta fiável de validação da fusão, mas também uma ferramenta útil para extrair o conjunto completo de leituras de apoio à fusão a partir de dados de RNA-Seq.

Secção 5.3.3: Discussão

O PREF é eficaz na deteção de leituras de divisão de uma fusão, mas é necessário melhorar a deteção de leituras de extensão. Por conseguinte, nesta fase, o PREF utiliza apenas o número de leituras de divisão (a predefinição é 10, mas para dados com baixa profundidade, pode ser inferior) como ponto de corte.

No entanto, este facto não afectará o valor da aplicação do PREF, uma vez que a preparação de bibliotecas de dados de RNA-Seq de última geração quase não gera leituras de extensão. Embora a utilização apenas do número de leituras de divisão como ponto de corte seja um critério fraco, o PREF atinge uma excelente especificidade (>99,8%), o que faz do PREF uma ferramenta de validação fiável para fusões. Além disso, a principal causa das falsas descobertas são as regiões homólogas no genoma, o que resulta em alinhamentos ambíguos.

O estudo do linfoma primário do doente mostrou um bom exemplo da aplicação do PREF em dados reais para validar a fusão detectada a partir de dados RNA-Seq. Pode fazer uma extração muito mais profunda para leituras de apoio (especialmente leituras de divisão) do que o QueryFuse. O deFuse e o TophatFusion também comunicaram os números das leituras de apoio, mas não foi fornecida qualquer prova de apoio (como o readID) para confirmar que se trata exatamente da contagem de leituras sem dupla contagem. Por conseguinte, não pude utilizar os seus números para comparar com o PREF.

CAPÍTULO 6

CONCLUSÕES

Os resultados apresentados nesta dissertação apoiam as conclusões que se seguem:

- O pipeline de processamento de dados RNA-Seq (Hydra) é rápido e fiável para facilitar as tarefas de análise de dados dos utilizadores, poupando tempo e trabalho. É suficientemente sensível para detetar amostras de má qualidade ou amostras com contaminações.
- O QueryFuse é uma nova ferramenta de deteção de fusão específica de genes que utiliza dados de RNA-Seq e satisfaz a necessidade dos biólogos de testar hipóteses de fusão. O QueryFuse tem um desempenho de deteção de fusão comparável ou melhor em conjuntos de dados de simulação, conjuntos de dados de linhas celulares e conjuntos de dados de pacientes, em comparação com dois detectores de fusão de última geração (defuse (McPherson et al. 2011) e TophatFusion (Kim & Salzberg 2011)). Em termos de algoritmo, o QueryFuse é muito mais eficiente do que as outras duas ferramentas, embora, na prática, o tempo de execução com paralelização não seja muito mais curto, principalmente devido à má implementação da paralelização do QueryFuse.
- O SimFuse é um simulador de fusão único baseado em RNA-Seq que permite controlar o número e os tipos de leituras de suporte numa amostra de tamanho considerável para obter poder estatístico. Utilizando os dados de simulação do SimFuse, os utilizadores podem estimar o desempenho específico da leitura de suporte, o que é impossível com outros dados ou ferramentas de simulação existentes.
- O PREF é fiável como ferramenta de validação de fusão in silico com elevada sensibilidade e especificidade.

Secção 6.1: Contribuições

Secção 6.1.1: Pipeline de processamento de dados de RNA-Seq

- Propus e construí o protótipo original da cadeia de processamento de dados RNA-Seq com módulos portáteis e relatórios informativos.
- Apliquei o pipeline em vários projectos de investigação e provei a sua fiabilidade e capacidade de poupar tempo e trabalho.
- Ao utilizar o pipeline em dados PDX (secção 5.3.2), mostrei que é útil e eficiente para ajudar os utilizadores a encontrar amostras de baixa qualidade e amostras com contaminação.

Secção 6.1.2: Deteção de fusão baseada em RNA-Seq

- Propus um novo algoritmo de deteção de fusão, utilizando informações adicionais das extremidades emparelhadas. Este algoritmo tem um grande potencial para acelerar a análise da deteção de fusões com elevada precisão. Tem uma vantagem única na deteção de fusões específicas de genes, reduzindo rapidamente os alvos.
- Desenvolvi o QueryFuse, um novo detetor de fusão específico para genes, como prova de conceito do novo algoritmo. Em comparação com dois detectores de fusão baseados em RNA-Seq do estado da arte, defuse (McPherson et al. 2011) e TophatFusion (Kim & Salzberg 2011), o QueryFuse demonstrou ter um melhor desempenho em termos de recordação, precisão e velocidade. Foi efectuada uma estimativa cuidadosa do desempenho com dados de simulação e dados de linhas celulares com fusões conhecidas. Uma propriedade única e notável do QueryFuse é a especificidade dos genes, que satisfaz as necessidades dos biólogos em termos de teste de hipóteses de fusão e investigação direcionada apenas para uma lista de genes. No estudo do

linfoma (Secção 5.2.3), provei com êxito esta propriedade do QueryFuse e obtive uma fusão clinicamente significativa, que corresponde à hipótese biológica. Além disso, o QueryFuse fornece pormenores da informação de apoio da fusão detectada, como a identificação da leitura e o gráfico empilhado das leituras de apoio (Apêndice, Figura 4), que não está disponível na maioria das ferramentas de deteção de fusão existentes.

- Desenvolvi um novo simulador de fusão a partir de dados de RNA-Seq, que pode gerar automaticamente um conjunto de dados de fusão personalizável e estatisticamente poderoso a partir de RNA-Seq. Em comparação com os conjuntos de dados de simulação de fusão baseados em RNA-Seq existentes, o SimFuse torna muito mais fácil e com maior resolução (suportando o nível específico de leitura) avaliar sistematicamente o desempenho dos algoritmos de deteção de fusão baseados em RNA-Seq.
- Apresentei o PREF, um novo método de validação de fusões in silico. O PREF foi testado em dados de simulação e provou ser valioso para avaliar computacionalmente as fusões, o que pode restringir os alvos para validação experimental a jusante.

Secção 6.2: Trabalho futuro

Secção 6.2.1: Pipeline de processamento de dados baseado em RNA-Seq

- Embora o Hydra tenha sido testado para ser portátil, independente de plataforma e paralelo, são necessários mais testes em ambientes computacionais com maior dimensão de dados.
- O Hydra é modulado para cada etapa, e estão ainda a ser desenvolvidos mais módulos para novos métodos de ponta, de modo a satisfazer as várias necessidades dos utilizadores.
- Atualmente, o Hydra simplifica o processo apenas para a análise de quantificação. A análise normalizada a jusante, como a deteção de fusão, deverá ser incluída no futuro.

Secção 6.2.2: QueryFuse

- O QueryFuse, como algoritmo específico do gene que utiliza o gene de consulta conhecido para restringir os alvos de fusão, deve ser mais eficiente do que os métodos de semente existentes porque é mais direcionado e utiliza mais informações, o que foi validado numa comparação utilizando um único núcleo. Além disso, mostrei que o QueryFuse era mais rápido do que outros métodos globais de deteção de fusão, mesmo em modo paralelo, quando a lista de genes de consulta era inferior a 16 genes. No entanto, a implementação do QueryFuse não é computacionalmente eficiente o suficiente na paralelização e há espaço para melhorias.
- Entretanto, a sensibilidade e a especificidade do blat (o alinhador local que estou a utilizar) diminuem significativamente quando as leituras são curtas (menos de 30 pb). Como resultado, a substituição do blat por um alinhador local melhor deve melhorar o desempenho do QueryFuse (recuperação e precisão), o que requer mais testes.
- Neste momento, a entrada do QueryFuse tem de ser o ficheiro BAM alinhado de alinhadores de RNA-Seq sem funcionalidades de deteção de fusão, como o Tophat, SOAP, etc. No entanto, é de notar que alguns alinhadores novos, como o STAR, integraram a deteção de fusão como predefinição no passo de alinhamento de leitura regular. Uma vez que as leituras que suportam a fusão destes alinhadores integrados são anotadas de forma diferente, as opções complementares para utilizar os resultados destes novos alinhadores serão incluídas no QueryFuse no futuro.
- Com o desenvolvimento da tecnologia de sequenciação, a sequenciação longa de extremidade única pode tornar-se popular. Embora o QueryFuse só funcione atualmente com dados de sequenciação de extremidade emparelhada, teoricamente também deveria funcionar com

sequenciação de extremidade única, o que exigirá melhorias adicionais.

Secção 6.2.3: SimFuse

- O SimFuse já permite o controlo dos parâmetros de fusão (como o número de leituras de suporte e o rácio entre leituras de divisão e leituras de expansão) e baseia-se num modelo de genoma de referência para a geração das leituras de suporte da fusão, mas serão incluídos parâmetros adicionais em futuros melhoramentos para aproximar mais os dados reais. Por exemplo, posso introduzir taxas de mutação ajustáveis para cada base no modelo de referência do genoma, ou relaxar o requisito de localização dos limites de fusão, ou oferecer a opção de conjunção de splicing alternativo entre exões.
- O SimFuse está disponível como software de código aberto no github, e a contribuição de qualquer desenvolvedor é bem-vinda. A nossa esperança é que este pacote constitua um ponto de partida e que a comunidade contribua com funções e melhorias adicionais.

Secção 6.2.4: PREF

- O PREF fornece uma prova de conceito de validação de fusão in silico. No entanto, o software não foi bem concebido. O desempenho em tempo de execução tem muito a melhorar. Atualmente, está a utilizar o Bowtie2 como módulo de alinhamento de sequências e pode ser benéfico substituí-lo por um alinhador mais personalizado para melhorar a sensibilidade, a especificidade e a velocidade no futuro.
- O PREF não é suficientemente sensível na deteção de leituras de extensão. Teoricamente, isto não deveria acontecer. Por conseguinte, são necessários mais investimentos sobre as causas e as potenciais soluções.
- O PREF é dependente da plataforma e ainda não foi bem testado em diferentes ambientes de execução. Os trabalhos de programação futuros incluem o empacotamento, o teste de portabilidade e a paralelização.

QUADROS EM ANEXO

Split:Span read # per fusion	1:0	3:1	5:1	7:2	10:3	15:4	20:5	30:8	50:13	100: 26
Simulation1	100	100	100	100	100	100	100	100	100	100
Simulation2	100	100	100	100	100	100	100	100	100	100
......	......	......	......	......	......	......	......	......	......	......
Simulation 100	100	100	100	100	100	100	100	100	100	100

Apêndice Tabela 1: Matriz de simulação utilizada para gerar o conjunto de dados de exemplo SimFuse. Em cada célula, são simuladas 100 fusões.

Sample ID	Read Length	Mean Fragment Length	Validated Fusion Events
SRX025827 (MCF7)	50	100	BCAS4-BCAS3, ARFGEF2-SULF2, RPS6KB1- TMEM49
SRX025829 (BT-474)	50	200	ACACA-STAC2, RPS6KB1-SNF8, VAPB-IKZF3, ZMYND8-CEP250, RAB22A-MYO9B, SKA2-MYO19, STARD3-DOK5, LAMP1-MCF2L, GLB1-CMTM7, CPNE1-PI3
SRX025831 (SK-BR-3)	50	200	TATDN1-GSDMB, RARA-PKIA, ANKHD1-PCDH1 CCDC85C-SETD3, WDR67-ZNF704, CYTH1-EIF3H, DHX35-ITCH
SRR521521 (MCF7)	76	192	BCAS4-BCAS3, ARFGEF2-SULF2, RPS6KB1- TMEM49
SRR1538693 and SRR1538694 (BT-474)	101	156	ACACA-STAC2, RPS6KB1-SNF8, VAPB-IKZF3, ZMYND8-CEP250, RAB22A-MYO9B, SKA2-MYO19, STARD3-DOK5, LAMP1-MCF2L, GLB1-CMTM7, CPNE1-PI3
SRR925729 (SK-BR-3)	76	230	TATDN1-GSDMB, RARA-PKIA, ANKHD1-PCDH1, CCDC85C-SETD3, WDR67-ZNF704, CYTH1-EIF3H, DHX35-ITCH

deFuse	TophatFusion	QueryFuse
BCAS4-BCAS3, ARFGEF2-SULF2, RPS6KB1- TMEM49	BCAS4-BCAS3, ARFGEF2-SULF2	BCAS4-BCAS3, ARFGEF2-SULF2, RPS6KB1- TMEM49
ACACA-STAC2, RPS6KB1-SNF8, VAPB-IKZF3, ZMYND8-CEP250, RAB22A-MYO9B, SKA2-MYO19, STARD3-DOK5	ACACA-STAC2, RPS6KB1-SNF8, VAPB-IKZF3, SKA2-MYO19, GLB1-CMTM7	ACACA-STAC2, RPS6KB1-SNF8, VAPB-IKZF3, ZMYND8-CEP250, SKA2-MYO19, STARD3-DOK5, GLB1-CMTM7,
RARA-PKIA, ANKHD1-PCDH1, CYTH1-EIF3H, DHX35-ITCH	TATDN1-GSDMB, RARA-PKIA, ANKHD1-PCDH1, CYTH1-EIF3H	TATDN1-GSDMB, RARA-PKIA, ANKHD1-PCDH1, CYTH1-EIF3H
BCAS4-BCAS3, ARFGEF2-SULF2, RPS6KB1- TMEM49	BCAS4-BCAS3, ARFGEF2-SULF2, RPS6KB1- TMEM49	BCAS4-BCAS3, ARFGEF2-SULF2, RPS6KB1- TMEM49
RPS6KB1-SNF8, ZMYND8-CEP250, RAB22A-MYO9B	ACACA-STAC2, RPS6KB1-SNF8, ZMYND8-CEP250	ACACA-STAC2, RPS6KB1-SNF8, ZMYND8-CEP250
TATDN1-GSDMB, ANKHD1-PCDH1, CYTH1-EIF3H	TATDN1-GSDMB, ANKHD1-PCDH1, CCDC85C-SETD3, CYTH1-EIF3H	TATDN1-GSDMB, ANKHD1-PCDH1, CCDC85C-SETD3, CYTH1-EIF3H

Apêndice Quadro 2: Resultados da deteção de fusões em linhas celulares de cancro da mama. A vermelho estão assinaladas as fusões suportadas apenas por leituras de extensão. A azul assinala as fusões não detectadas pelos três algoritmos de deteção de fusões.

Method		deFuse			TophatFusion			QueryFuse		
Split #	Span #	recall	STD	95% CI	recall	STD	95% CI	recall	STD	95% CI
1	0	0	0	0	0	0	0	0	0	0
3	1	0	0	0	0.755	0.042	0.008	0.762	0.038	0.008
5	1	0	0.001	0	0.795	0.035	0.007	0.856	0.039	0.008
7	2	0.009	0.009	0.002	0.813	0.038	0.007	0.885	0.031	0.006
10	3	0.089	0.034	0.007	0.822	0.031	0.006	0.885	0.035	0.007
15	4	0.339	0.051	0.010	0.833	0.036	0.007	0.887	0.070	0.014
20	5	0.745	0.069	0.014	0.839	0.039	0.008	0.899	0.031	0.006
30	8	0.787	0.066	0.013	0.837	0.036	0.007	0.903	0.034	0.007
50	13	0.821	0.059	0.012	0.845	0.036	0.007	0.880	0.035	0.007
100	26	0.843	0.060	0.012	0.840	0.033	0.006	0.885	0.036	0.007

Apêndice Tabela 3: Estatísticas de recuperação entre QueryFuse, deFuse e TophatFusion. Para cada método, o desvio padrão (DST) e o intervalo confidencial (IC) de 95% foram calculados a partir de 100 execuções repetidas.

Method		deFuse			TophatFusion			QueryFuse		
Split	Span	Prec.	STD	95% CI	Prec.	STD	95% CI	Prec.	STD	95% CI
1	0	0	0	0	NA	NA	NA	NA	NA	NA
3	1	0	0	0	0.986	0.014	0.003	0.989	0.012	0.002
5	1	0.026	0.147	0.038	0.985	0.014	0.003	0.985	0.014	0.003
7	2	0.502	0.404	0.086	0.984	0.013	0.002	0.986	0.016	0.003
10	3	0.871	0.112	0.022	0.980	0.014	0.003	0.987	0.012	0.002
15	4	0.931	0.043	0.008	0.979	0.015	0.003	0.993	0.010	0.002

20	5	0.945	0.027	0.005	0.978	0.014	0.003	0.993	0.010	0.002
30	8	0.947	0.025	0.005	0.979	0.016	0.003	0.993	0.010	0.002
50	13	0.951	0.022	0.004	0.977	0.014	0.003	0.994	0.010	0.002
100	26	0.948	0.029	0.006	0.979	0.017	0.003	0.992	0.010	0.002

Apêndice Tabela 4: Estatísticas de precisão entre QueryFuse, deFuse e TophatFusion. Para cada método, o desvio padrão (STD) e o intervalo confidencial (CI) de 95% foram calculados a partir de 100 execuções repetidas.

Sample ID	Read Length	Mean Fragment Length	Validated Fusion Events	deFuse	Tophat-Fusion	Query-Fuse
H2228_A5M_R1	99	177	ALK-EML4, ALK-PTPN3	ALK-EML4, ALK-PTPN3	ALK-PTPN3	ALK-EML4, ALK-PTPN3
H2228_A5M_R2	99	177	ALK-EML4, ALK-PTPN3	ALK-EML4, ALK-PTPN3	ALK-EML4, ALK-PTPN3	ALK-PTPN3
H2228_A5M_R3	99	177	ALK-EML4, ALK-PTPN3	ALK-EML4, ALK-PTPN3	ALK-EML4, ALK-PTPN3	ALK-EML4, ALK-PTPN3

H2228_A5M_48hr	99	177	ALK-EML4, ALK-PTPN3	ALK-EML4, ALK-PTPN3	ALK-EML4, ALK-PTPN3	ALK-EML4, ALK-PTPN3
H2228_A5M_72hr	99	177	ALK-EML4, ALK-PTPN3	ALK-EML4, ALK-PTPN3	ALK-EML4, ALK-PTPN3	ALK-EML4, ALK-PTPN3
DHL_R1	99	177	ALK-NPM1	ALK-NPM1	None	ALK-NPM1
DHL_R2	99	177	ALK-NPM1	ALK-NPM1	ALK-NPM1	ALK-NPM1
DHL_R3	99	177	ALK-NPM1	ALK-NPM1	None	ALK-NPM1

Apêndice Tabela 5: Resultados da deteção de fusão no conjunto de dados ALK.

Sample ID	Read Length	Mean Fragment Length	Validated Fusion Events	deFuse	Tophat-Fusion	QueryFuse
			BDKRB2-BDKRB1, CIRH1A-TMCO7, CLN6-			

SRR4 9788 4	90	189	CALML4, GATSL1-GTF2I, HADHB-RBKS, POLA2-CDC42EP2, PSMD8-SIPA1L3, TIAM1-ATP5O	CIRH1A - TMCO7, HADHB -RBKS, TIAM1-ATP5O	CIRH1A-TMCO7, HADHB-RBKS, TIAM1-ATP5O	CIRH1A-TMCO7, HADHB-RBKS, TIAM1-ATP5O
SRR4 9788 5	90	189	BDKRB2-BDKRB1, CIRH1A-TMCO7, CLN6-CALML4, CTBS-GNG5, HADHB-RBKS, PSMD8-SIPA1L3, TIAM1-ATP5O	CIRH1A - TMCO7, PSMD8-SIPA1L 3, TIAM1-ATP5O	CIRH1A-TMCO7, HADHB-RBKS, TIAM1-ATP5O	CIRH1A-TMCO7, HADHB-RBKS, TIAM1-ATP5O

Apêndice Quadro 6: Resultados da deteção de fusão em linhas celulares de cancro da bexiga.

Split:Span Read # Per Fusion	Split Number Cutoff			Span Number Cutoff		
	1	5	10	1	5	10
1:1	1	0	0	0.109	0	0
1:5	1	0	0	0.381	0.011	0
1:10	1	0	0	0.582	0.079	0.006
5:1	1	0.994	0	0.101	0	0
5:5	1	0.995	0	0.379	0.013	0
5:10	1	0.997	0	0.512	0.071	0.004
10:1	1	1	0.988	0.092	0	0
10:5	1	1	0.993	0.343	0.014	0
10:10	1	1	0.991	0.466	0.084	0.006

Apêndice Quadro 7: Sensibilidade do PREF na validação de fusões simuladas. São utilizados cortes de 1, 5 e 10 leituras de suporte nas contagens de leituras de divisão ou de leituras de extensão. A sensibilidade é igual ao número de fusões validadas pelo PREF e que satisfazem o requisito de corte, dividido por 1600 (o número de fusões simuladas em cada compartimento). Grupo N:M significa que todas as fusões neste grupo têm N leituras de divisão e M leituras de extensão.

Calling cutoff: 1 splitting read							
Read Count Groups	0	1	2	3	4	5	>5
0	1	0.999	0.999	0.999	0.998	0.993	0.999
1	1	1	0.999	0.999	0.997	0.996	0.998
2	1	0.999	1	1	0.998	0.997	0.999
3	1	1	1	0.999	0.999	0.993	0.998
4	0.999	1	1	0.999	0.003	0.996	0.999

5	1	1	1	0.999	0.998	0.995	0.999
>5	1	0.999	1	1	0.998	0.995	0.995
Calling cutoff: 10 splitting read							
Read Count Groups	0	1	2	3	4	5	>5
0	1	1	1	1	1	0.999	0
1	1	1	1	1	1	1	0.999
2	1	1	1	1	1	1	1
3	1	1	1	1	1	0.998	1
4	1	1	1	1	0.999	1	1
5	1	1	1	1	1	1	1
>5	1	1	1	1	1	0.999	0.998

Apêndice Quadro 8: Estimativa da especificidade do PREF utilizando um fundo sem fusão. Foram aplicados dois pontos de corte: 1 e 10 leituras de divisão para que o PREF considere validada uma fusão. Os números do grupo horizontal representam o grupo de expressão de onde provém o parceiro1 em cada fusão. Os números dos grupos verticais representam o grupo de expressão de onde provém o parceiro2 em cada fusão. A especificidade é igual a 1 (número de referências putativas aleatórias validadas pelo PREF e que satisfazem o requisito de corte ÷ 2000 (o número de referências putativas aleatórias utilizadas em cada compartimento)).

FIGURAS EM ANEXO

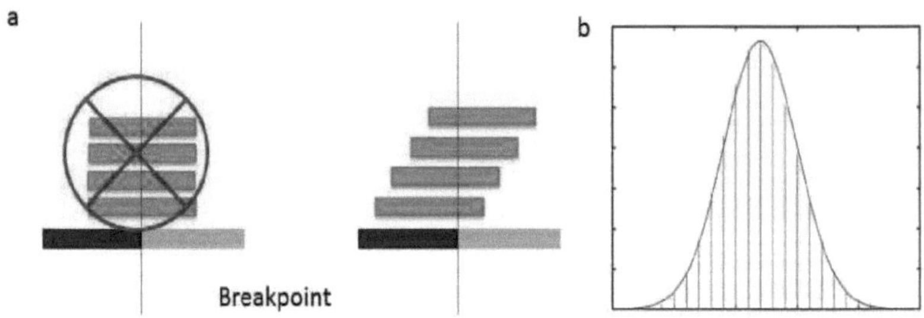

Apêndice Figura 1: Dispersão de leituras de divisão. a) A linha a tracejado é o ponto de rutura da fusão. À esquerda, todas as leituras de apoio estão amontoadas no mesmo local, o que constitui uma prova de artefactos de PCR e torna a fusão menos fiável. À direita, todas as leituras de apoio estão bem espalhadas, o que indica que não há artefactos de PCR. b) Distribuição teórica das coberturas em cada base, que deve ser uma distribuição normal.

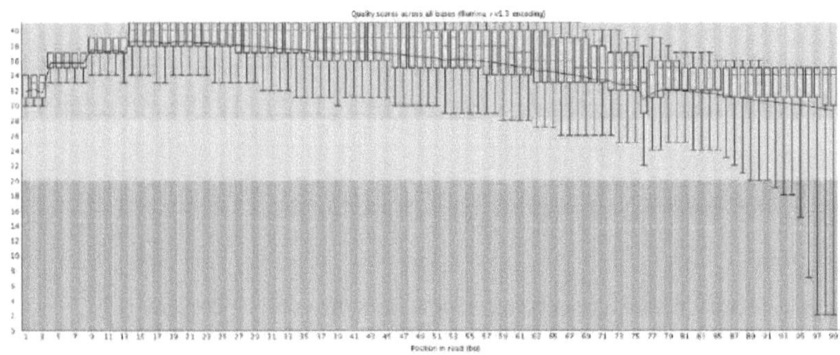

Apêndice Figura 2: Gráfico da pontuação de qualidade da sequência FastQC por base de uma amostra PDX. A linha de leitura central é o valor mediano. A caixa amarela representa o intervalo interquartil (25 75%). As caixas de bigodes superior e inferior representam os pontos 10% e 90%. A linha azul representa a qualidade média. O eixo y é a pontuação de qualidade. O eixo x é a localização de base de uma leitura.

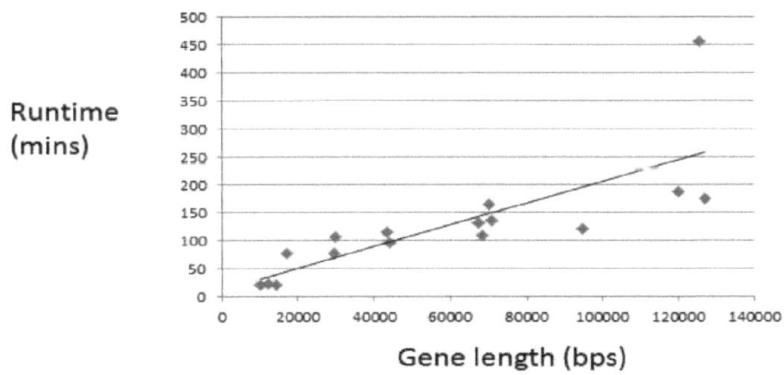

Apêndice Figura 3: Gráfico dos tempos de execução do QueryFuse em genes com diferentes comprimentos. O eixo x é o comprimento dos genes (pares de bases). O eixo y é o tempo de execução. Os 16 genes utilizados foram retirados aleatoriamente do genoma (losangos azuis). A linha preta mostra a relação linear entre os comprimentos dos genes e os tempos de execução.

Apêndice Figura 4: Gráfico empilhado de uma isoforma TBL1XR1 PD L2 detectada pelo QueryFuse. No canto superior esquerdo encontra-se a tabela de informações sobre a fusão, incluindo a identificação do gene, a localização 5' e 3' da referência putativa e os limites da fusão. No gráfico, o lado esquerdo lista as informações de ID de leitura e o lado direito lista as sequências de leitura. A primeira linha é a referência putativa gerada a partir da fusão detectada. O vermelho representa as sequências do parceiro de fusão 5', enquanto o azul representa as sequências do parceiro de fusão 3'.

FICHEIRO DE APÊNDICE

```
##########################################################################
#
# Standard parameters
##########################################################################
#
#working directory where a results and report directory will be created
working_dir  =  /restricted/projectnb/montilab-
p/projects/superfund/project5/RNASeq2/

#file that contains 2 or 3 columns with fastq | [fastq2] | stub
raw_filenames  =  /restricted/projectnb/montilab-
p/CBMrepository/users/gusef/RNASeq_pipeline/filenames_example.txt

#Does the raw_filenames file have a header?
raw_file_header =  TRUE

#paired end reads?
paired  =  FALSE

#start pipeline from scratch or try to pick up at the last step that was performed
successfully
clean_run  =  FALSE

#directory that contains all the python scripts
  scripts_dir  =  /restricted/projectnb/montilab-
  p/CBMrepository/users/gusef/RNASeq_pipeline/

  #should everything also be printed on the command line
  verbose  =  TRUE
```

```
#chose the aligner
aligner = tophat     #right now only 'skip' and 'tophat' are allowed


##########################################################################
#
# QSUB parameters
##########################################################################
#
run_single_cpu = FALSE        #in case you have nothing to do for the next 2 month or so give this option a try!!

modules_python2.6 = FASTX-Toolkit/fastx_toolkit-0.0.13.2_gnu446_x86_64, boost/boost_1_51_0_gnu446, samtools/samtools-0.1.19_gnu446, bowtie2/bowtie2-2.0.0-beta7_gnu446, tophat/tophat-2.0.6_gnu446, cufflinks/cufflinks-2.0.2_gnu446
modules_python2.7 = python2.7/Python-2.7.3_gnu446, pysam/pysam_0.7.7_gnu446

qsub_email        = gusef@bu.edu
qsub_send_email    = FALSE
qsub_memory       = 2g
qsub_suffix       = pbs
qsub_PROJECT      = montilab-p
qsub_MACHINE      = scc
qsub_RUNTIME_LIMIT = 96:00:00
qsub_wait_time     = 10
qsub_num_processors = 4-8


##########################################################################
#
# TRIMMING
```

```
##############################################################################
#
do_trimming     =    FALSE
trimming_exec   =    fastx_trimmer   #on SCC we don't need to specify the location of
the executable we just need to load the proper module
trimming_mode   =    -l    # can be -l (last base to keep), -f (first base to keep), or -t
(trim N nucleotides at the end)
trimming_value  =    45    # value that goes with the mode
trimming_quality_value   =   -Q33  # optional: Q33 works for sanger

##############################################################################
#
#FAST QC
##############################################################################
#
fastqc_exec     =           /restricted/projectnb/montilab-p/tools/FastQC_v0.10.1/fastqc

##############################################################################
#
#TOPHAT
##############################################################################
#
tophat_exec              =  tophat2     #on SCC we don't need to specify the location of
the executable we just need to load the proper module
tophat_index             =        /restricted/projectnb/montilab-
p/CBMrepositoryData/annot/zebrafish/Danio_rerio.Zv9
tophat_qual             =  none       #  can be none, --solexa-quals or --solexa1.3-quals
tophat_N                =  2         #--read-mismatches
tophat_gap_length         =  2
tophat_edit_dist         =  2

##############################################################################
```

```
#
#BAMQC
###########################################################################
#
bamqc_exec            = python2.7
bamqc_script          = run_bamqc.py

###########################################################################
#
#CUFFLINKS
###########################################################################
#
cufflinks_exec        = cufflinks    #on SCC we don't need to specify the location of the executable we just need to load the proper module
cufflinks_G           = /restricted/projectnb/montilab-p/CBMrepositoryData/annot/zebrafish/Danio_rerio.Zv9.75.gtf    # -G/--GTF <reference_annotation.(gtf/gff)>
cufflinks_b           = /restricted/projectnb/montilab-p/CBMrepositoryData/annot/zebrafish/Danio_rerio.Zv9.75.fa    #-b/--frag-bias-correct <genome.fa>
cufflinks_compatible_hits = inactive    #Cufflinks counts only those fragments compatible with some reference transcript towards the number of mapped hits used in the FPKM denominator. (can be 'active' to turn it on)
cufflinks_library_type  = fr-unstranded

#The following parameter all normalize the counts during the cufflinks run. However, if you intend to run edgeR afterwards you need raw counts not fpkm
cufflinks_total_hits    = active    #create FPKM (can be 'active' for turning this option on or anything else to turn it off)
cufflinks_N           = active    #upper quantile normalization (can be 'active' for turning this option on or anything else to turn it off)
cufflinks_u           = active    #multi read correct (can be 'active' for turning this option on or anything else to turn it off)
```

```
##########################################################################
#
#HT-Seq
##########################################################################
#
HTSeq_exec  = htseq-count
sam_exec    = samtools
HTSeq_s     = no        #stranded? (yes/no/reverse)
HTSeq_t     = exon      #feature type
HTSeq_m     = union     #union, intersection-strict and intersection-nonempty
HTSeq_gft   = /restricted/projectnb/montilab-p/CBMrepositoryData/annot/zebrafish/Danio_rerio.Zv9.75.gtf
Rscript_exec = Rscript
############################################
```

Appendix File 1: A parameter file example for Hydra. The contents behind "#" are comments. Names in front of "=" are parameter names and the parts after "=" are parameter values.

BIBLIOGRAFIA

Abate, F. et al., 2012. Bellerophontes: Uma estrutura de análise de dados RNA-Seq para a descoberta de transcritos quiméricos com base num modelo de fusão preciso. Bioinformática, 28(16), pp.2114 2121.

Altschul, S. et al., 1990. Ferramenta básica de pesquisa de alinhamento local. Journal of Molecular Biology, 215(3), pp.403 410.

Anders, S., Pyl, P.T. & Huber, W., 2014. HTSeq Uma estrutura Python para trabalhar com dados de sequenciação de alto rendimento. Bioinformatics, 31(2), pp.166 169. Disponível em: http://biorxiv.org/content/early/2014/08/19/002824.abstract.

Andrews, S., BamQC. Disponível em: https://github.com/s-andrews/BamQC [Acedido em 14 de outubro de 2015a].

Andrews, S., FastQC. Disponível em: http://www.bioinformatics.babraham.ac.uk/ projects/ fastqc/ [Acedido em 10 de abril de 2015b].

Ansell, S.M. et al., 2015. Bloqueio PD-1 com Nivolumab em Linfoma de Hodgkin Recidivado ou Refratário. New England Journal of Medicine, 372(4), pp.311 319. Disponível em: http://www.nejm.org/doi/abs/10.1056/NEJMoa1411087.

Aplan, P.D., 2006. Causas da translocação cromossómica oncogénica. Trends in Genetics, 22(1), pp.46 55.

Armand, P., 2015. Bloqueio do ponto de controlo imunitário em doenças malignas hematológicas. Sangue, 125(22), pp.3393 3401.

Asmann, Y.W. et al., 2011. Um novo pipeline bioinformático para a identificação e caraterização dc transcrições de fusão em linhas celulares normais e de cancro da mama. Nucleic Acids Research, 39(15).

Begley, S., 2008. Rethinking the War on Cancer (Repensar a Guerra contra o Cancro). Newsweek.

Benelli, M. et al., 2012. Descoberta de transcrições quiméricas em dados de RNA-seq de extremidade emparelhada usando EricScript. Bioinformatics (Oxford, Inglaterra), 28(24), pp.3232 9. Disponível em: http://www.ncbi.nlm.nih.gov/pubmed/23093608.

Bjoern, C. et al., Targetable Genetic Features of Primary Testicular and Primary Central Nervous System Lymphomas (Caraterísticas genéticas dos linfomas primários do testículo e do sistema nervoso central). Manuscrito submetido.

Carrara, M., Beccuti, M., Cavallo, F., et al., 2013. Os algoritmos de localização de fusão do estado da arte são adequados para detetar quimeras induzidas por transcrição em tecidos normais? BMC bioinformatics, 14 Suppl 7(Suppl 7), p.S2. Disponível em: http://www.pubmedcentral.nih. gov/articlerender.fcgi? artid= 3633050&tool=pmcentrez&rendertype=abstract.

Carrara, M., Beccuti, M., Lazzarato, F., et al., 2013. Sensibilidade e especificidade dos algoritmos Fusion-Finder de última geração. BioMed Research International, 2013. Disponível em: http://dx.doi.org/10.1155/2013/340620.

Chapuy, B. et al., Diffuse Large B-cell Lymphoma Patient-derived Xenograft Models Capture the Molecular and Biologic Heterogeneity of the Disease. em revisão.

Cheah, C.Y. et al., 2014. Linfoma testicular primário. Sangue, 123(4), pp.486 493.

Chen, K. et al., 2012. BreakFusion: identificação baseada em montagem direcionada de fusões de genes em dados de sequenciação de extremidades emparelhadas do transcriptoma completo. Bioinformatics (Oxford, Inglaterra), 28(14), pp.1923 4. Disponível em: http://www.pubmedcentral.nih.gov/articlerender.fcgi?artid = 3389765 & tool=pmcentrez&rendertype=abstract [Acedido em 11 de abril de 2014].

Chu, Y. & Corey, D.R., 2012. Sequenciamento de RNA: seleção de plataforma, projeto experimental e interpretação de dados. Nucleic acid therapeutics, 22(4), pp.271 4. Disponível em: http://www. pubmedcentral. nih. gov/articlerender.fcgi?artid=3426205&tool=pmcentrez&rendertype =abstract

Continuum Analytics, Anaconda. Disponível em: http://docs.continuum.io/anaconda/index [Acedido em 14 de outubro de 2015].

Deckert, M. et al., 2014. Biologia de sistemas do linfoma primário do SNC: das aberrações genéticas à modelagem em camundongos. Ata Neuropathologica, 127(2), pp.175 188. Available at: http://link.springer.com/10.1007/s00401-013-1202-x.

Dobin, A. et al., 2013. STAR: alinhador universal ultrarrápido de RNA-seq. Bioinformatics (Oxford, Inglaterra), 29(1), pp.15 21. Disponível em: http://www.pubmedcentral.nih.gov/articlerender. fcgi?artid=3530905&tool=pmcentr ez&rendertype=abstract [Acedido em 19 de março de 2014].

Edgren, H. et al., 2011. Identificação de genes de fusão no cancro da mama por sequenciação de RNA de extremidade emparelhada. Genome biology, 12(1), p.R6. Disponível em: http://www.pubmedcentral.nih. gov/ articlerender.fcgi?artid=3091304&tool=pmcentr ez&rendertype=abstract [Acedido em 7 de abril de 2014].

Ensembl, Genoma humano. Disponível em: http://oct2012.archive.ensembl.org/Homo_sapiens/ Location/Genome?r=1:1- 1000000 [Acedido em 10 de maio de 2015].

Fernandez-Luna, J.L., 2000. Bcr-Abl e inibição da apoptose em células de leucemia mieloide crónica. *Apoptosis: uma revista internacional sobre* morte celular *programada*, 5(4), pp.315 318.

Francis, R.W. et al., 2012. Fusionfinder: Uma ferramenta de software para identificar candidatos a fusão de genes expressos a partir de dados de RNA-seq. PLoS ONE, 7(6), p.e39987. Disponível em: http://www.pubmedcentral.nih.gov/articlerender.fcgi?artid=3384600&tool=pmcentr ez&rendertype=abstract [Acedido em 8 de abril de 2014].

Garber, M. et al., 2011. Métodos computacionais para anotação e quantificação do transcriptoma utilizando RNA-seq. Nature methods, 8(6), pp.469 477. Disponível em: http://www.ncbi.nlm.nih.gov/pubmed/21623353 [Acedido em 19 de março de 2014].

Ge, H. et al., 2011. FusionMap: Deteção de genes de fusão a partir de dados de sequenciação de nova geração com resolução de pares de bases. Bioinformatics, 27(14), pp.1922 1928.

Genética, C. para S., SAM/BAM. Disponível em: http://genome.sph.umich.edu/wiki/SAM [Acedido em 13 de outubro de 2015].

Goldman, J. & Melo, J., 2003. Chronic Myeloid Leukemia Advances in Biology and New Approaches to Treatment (Leucemia mieloide crónica: avanços na biologia e novas abordagens ao tratamento). The New England journal of medicine, 349, pp.1451 1464. Disponível em: http://www.nejm.org/doi/full/10.1056/NEJMra020777.

Hanahan, D. & Weinberg, R. a, 2011. Hallmarks of cancer: the next generation. Cell, 144(5), pp.646 74. Disponível em: http://www.cell.com/article/S0092867411001279/fulltext.

Hanahan, D. & Weinberg, R. a, 2000. The Hallmarks of Cancer. Cell, 100, pp.57 70.

Illumina, Illumina. Disponível em: https://www.illumina.com/ [Acedido em 13 de outubro de 2015].

Ion Torrent, Ion Torrent. Disponível em: https://www.thermofisher.com/ us/en/home/

brands/ion-torrent.html [Acedido em 13 de outubro de 2015].

Iyer, M.K., Chinnaiyan, A.M. & Maher, C. a., 2011. ChimeraScan: Uma ferramenta para identificar a transcrição quimérica em dados de sequenciação. Bioinformatics, 27(20), pp.2903 2904.

Jia, W. et al., 2013. SOAPfuse: um algoritmo para identificar transcrições de fusão a partir de dados de RNA-Seq de extremidade emparelhada. Biologia do genoma, 14(2), p.R12. Disponível em: http://www.ncbi.nlm. nih.gov/pubmed/23409703 [Acedido em 11 de abril de 2014].

Kantarjian, H. et al., 2012. Melhoria da sobrevivência na leucemia mieloide crónica desde a introdução da terapêutica com imatinib: uma experiência histórica de uma única instituição Melhoria da sobrevivência na leucemia mieloide crónica desde a introdução da terapêutica com imatinib: uma experiência histórica de uma única instituição. Survival, 119(9), pp.1981 1987.

Kehr, B., Weese, D. & Reinert, K., 2011. STELLAR: alinhamentos locais rápidos e exactos. BMC Bioinformatics, 12(Suppl 9), p.S15. Disponível em: http://www.biomedcentral. com/1471-2105/12/S9/S15.

Kent, W.J., 2002. BLAT The BLAST -Like Alignment Tool. Investigação sobre o genoma, pp.656 664.

Kim, D. & Salzberg, S.L., 2011. TopHat-Fusion: um algoritmo para a descoberta de novos transcritos de fusão. Genome Biology, 12(8). Disponível em: http://www.pubmedcentral.nih. gov/ articlerender. fcgi?artid=3245612&tool=pmcentr ez&rendertype=abstract [Acedido em 27 de março de 2014].

Kinsella, M. et al., 2011. Deteção sensível de fusão de genes utilizando pares de leitura de RNA-Seq com mapeamento ambíguo. Bioinformatics, 27(8), pp.1068 1075.

Kolata, G., 2009. Advances Elusive in the Drive to Cure Cancer" [Avanços difíceis na luta pela cura do cancro]. The New York Times.

Langmead, B. et al., 2009. Alinhamento ultrarrápido e eficiente em termos de memória de sequências curtas de ADN com o genoma humano. Genome biology, 10(3), p.R25. Disponível em. http://www. pubmedcentral. nih.gov/articlerender.fcgi?artid=2690996&tool =pmcentr ez&rendertype= abstract [Acedido em 19 de março de 2014].

Langmead, B. & Salzberg, S.L., 2012. Alinhamento rápido de leituras com lacunas com Bowtie 2. Nature Methods, 9(4), pp.357 359. Disponível em: http://www.pubmedcentral.nih. gov/ articlerender. fcgi? artid =3322381&tool=pmcentr ez&rendertype=abstract [Acedido em 19 de março de 2014].

Lee, C.-H. et al., 2005. Estabelecimento de xenoenxertos de cápsulas subrenais de tumores primários do ovário humano em ratinhos SCID. modelos potenciais. Gynecologic oncology, 96(1), pp.48 55. Disponível em: http://www.ncbi.nlm.nih.gov/pubmed/15589579.

Li, B. & Dewey, C.N., 2011. RSEM: quantificação exacta de transcrições a partir de dados de RNA-Seq com ou sem um genoma de referência. BMC bioinformatics, 12, p.323. Disponível em: http://www.pubmedcentral.nih.gov/articlerender.fcgi?artid=3163565&tool=pmcentr ez&rendertype=abstract [Acedido em 19 de março de 2014].

Li, H. & Durbin, R., 2009. Alinhamento rápido e exato de leituras curtas com a transformada BurrowsWheeler. Bioinformatics (Oxford, Inglaterra), 25(14), pp.1754 1760. Disponível em: http://www. pubmedcentral. nih.gov/ articlerender.fcgi?artid= 2705234&tool= pmcentr ez&rendertype= abstract [Acedido em 19 de março de 2014].

Li, Y. et al., 2011. FusionHunter: Identifying fusion transcripts in cancer using paired-end RNA-seq. Bioinformatics, 27, pp.1708 1710.

Liu, C. et al., 2013. FusionQ: uma nova abordagem para deteção e quantificação de fusão de genes a partir de RNA-Seq de extremidade emparelhada. BMC bioinformatics, 14(193). Disponível em: http://www. pubmedcentral. nih.gov/articlerender.fcgi?artid=3691734&tool=pmcentr ez&rendertype = abstract [Acedido em 30 de março de 2014].

Malu, S. et al., 2012. Papel da junção de extremidades não-homólogas na recombinação V(D)J. Immunologic Research, 54(1-3), pp.233 246.

Martin, M., Cutadapt remove sequências adaptadoras de leituras de sequenciação de alto rendimento. Revista EMBnet., 17(1).

McPherson, A. et al., 2011. Defuse: Um algoritmo para a descoberta de fusões de genes em dados de rna-seq de tumores. PLoS Computational Biology, 7(5), p.e1001138. Disponível em: http://www.pubmedcentral.nih.gov/articlerender.fcgi?artid=3098195&tool=pmcentr ez&rendertype=abstract [Acedido em 4 de abril de 2014].

Mitelman, F., Johansson, B. & Mertens, F., 2007. The impact of translocations and gene fusions on cancer causation (O impacto das translocações e fusões de genes na causa do cancro). Nature Reviews. Cancro, 7(4), pp.233 245. Disponível em: http://www.ncbi.nlm.nih.gov/pubmed/17361217 [Acedido em 19 de março de 2014].

Nicorici, D. et al., 2014. FusionCatcher uma ferramenta para encontrar genes de fusão somática em dados de sequenciamento de RNA de extremidade emparelhada. bioRxiv.

Powers, D.M.W., 2011. Avaliação: From Precision, Recall and F-Measure to ROC, Informedness, Markedness & Correlation. Journal of Machine Learning Technologies, 2(1), pp.37 63.

Rl, S., Kd, M. & Jemal, A., 2015. Estatísticas do cancro, 2015. CA Cancer J Clin, 65(1), p.21254.

Robertson, G. et al., 2010. Montagem de novo e análise de dados de RNA-seq. Nature methods, 7(11), pp.909 12. Disponível em: http://www.ncbi.nlm.nih.gov/pubmed/20935650 [Acedido em 27 de março de 2014].

Robinson, M.D., McCarthy, D.J. & Smyth, G.K., 2010. edgeR: um pacote Bioconductor para a análise da expressão diferencial de dados digitais de expressão genética. Bioinformatics,

26(1), pp.139 140. Disponível em: http://bioinformatics.oxfordjournals.org/cgi/ doi/10.1093/ bioinformatics/ btp616.

Sboner, A. et al., 2010. FusionSeq: uma estrutura modular para encontrar fusões de genes através da análise de dados de sequenciação de RNA de extremidade emparelhada. Genome biology, 11(10), p.R104. Disponível em: http://www.pubmedcentral.nih.gov/ articlerender.fcgi?artid=3218660&tool=pmcentr ez&rendertype=abstract [Acedido em 11 de abril de 2014].

Schuuring, E. et al., 2014. Extensas alterações genéticas da região HLA, incluindo deleções homozigóticas de genes HLA de classe II em linfomas de células B que surgem em Extensas alterações genéticas da região HLA, incluindo deleções homozigóticas de genes HLA de classe II em linfoma de células B. Sangue, 96(10), pp.3569 3577.

Stewart, B.W. & Wild, C.P., 2014. Relatório Mundial sobre o Cancro 2014, IARC. Disponível em: http://www.scribd.com/doc/249125578/World-Cancer-Report-2014#scribd.

Trapnell, C. et al., 2012. Análise da expressão diferencial de genes e transcrições de experiências de RNA-seq com TopHat e Cufflinks. Nature protocols, 7(3), pp.562 78. Disponível em: http://www.pubmedcentral.nih.gov/articlerender.fcgi?artid= 3334321&tool =pmcentr ez&rendertype=abstract [Acedido em 19 de março de 2014].

Trapnell, C. et al., 2010. A montagem e quantificação de transcrições por RNA-Seq revela transcrições não anotadas e comutação de isoformas durante a diferenciação celular. Nature biotechnology, 28(5), pp.511 515. Disponível em: http://www.pubmedcentral.nih. gov/articlerender.fcgi?artid=3146043&tool=pmcentr ez&rendertype=abstract [Acedido em 19 de março de 2014].

Trapnell, C., Pachter, L. & Salzberg, S.L., 2009. TopHat: descobrir junções de emenda com RNA-Seq. Bioinformatics (Oxford, Inglaterra), 25(9), pp.1105 1111. Disponível em: http://www.pubmedcentral.nih.gov/articlerender.fcgi?artid=2672628&tool=pmcentr ez&rendertype=abstract [Acedido em 19 de março de 2014].

Vega, F. & Medeiros, L.J., 2003. Translocações cromossómicas envolvidas em linfomas não-Hodgkin. Arquivos de Patologia e Medicina Laboratorial, 127(9), pp.1148 1160.

Villarreal, D.D. et al., 2012. Microhomology Directs Diverse DNA Break Repair Pathways and Chromosomal Translocations. PLoS Genetics, 8(11).

Vocna, C. et al., Oncogenic ALK regulates EMT in Non-Small Cell Lung Carcinoma through repression of the epithelial splicing regulatory protein 1. Manuscrito em preparação.

Vogelstein, B. & Kinzler, K.W., 2004. Cancer genes and the pathways they control. Nat Med, 10(8), pp.789 799. Disponível em: http://www.ncbi.nlm.nih.gov/entrez/query. fcgi?cmd= Retrieve&db=PubMed&dopt= Citation&list_uids=15286780.

Wang, K. et al., 2010. MapSplice: Mapeamento preciso de leituras de RNA-seq para descoberta de junções de emenda. Nucleic Acids Research, 38(18), pp.1 14.

Wang, Y. et al., 2005. Desenvolvimento e caraterização de modelos eficientes de xenoenxertos para tecido benigno e maligno da próstata humana. The Prostate, 64(2), pp.149 59. Disponível em: http://www.ncbi.nlm.nih.gov/pubmed/15678503.

Wetterstrand KA, Custos de Sequenciação de ADN: Data from the NHGRI Genome Sequencing Program (GSP). Disponível em: www.genome.gov/sequencingcosts [Acedido em 15 de maio de 2015].

Yu, J. et al., 2010. Uma rede integrada de fusões de genes do recetor de androgénio, Polycomb e TMPRSS2-ERG na progressão do cancro da próstata. Cancer cell, 17(5), pp.443 454.

CURRICULUM VITAE

Yuxiang Tan, Doutoramento
Bioinformática, Universidade de Boston
44 Cummington Mall, Boston, MA 02215
Telefone: 857-241-7107 Email: ytan7@bu.edu

Formação académica

2015 Doutoramento na Universidade de Boston, Boston, MA (Bioinformática)

2010 M.Sc. Instituto de Tecnologia do Illinois (IIT), Chicago, IL (Biotecnologia)

2008 B.Sc. Universidade Sun Yat-Sen (SYSU), Guangzhou, China (Ciências Biológicas)

Prémios

2015 Primeiro lugar no Grupo da Rede Profissional, Festival de Barcos-Dragão de Boston

Equipa de destaque de 2014 (líder de equipa) no Concurso Chinês de Inovação e Empreendedorismo de 2014

2010 Os mais elevados padrões de desempenho académico do IIT Associações profissionais

2013-presente Membro ativo, Clube do Campus Médico da Universidade de Boston (BUMC), Toastmasters International

2013-presente Membro, Rede de Jovens Profissionais Chineses (CYPN), Boston

2013-presente Membro, Associação BioMédica Chinês-Americana

2015 Membro do Comité, Simpósio Organizado por Estudantes de Bioinformática, Universidade de Boston

2014-2015 Membro da Sociedade Internacional de Biologia Computacional

Apresentações de posters

Para além do genoma: Genómica do cancro. "FusionQuery: A Novel Tool for Gene-Specific Fusion Detection". Boston, MA. outubro de 2014.

Simpósio organizado por estudantes de bioinformática. "Pipeline para Processamento de Dados de Sequenciação de mRNA e Avaliação de Qualidade". Boston, MA. junho de 2013.

Workshop Internacional sobre Bioinformática e Biologia de Sistemas (IBSB). "GlycReSoft: Glycan Recognition Software: Software Package for Automated Recognition of Glycans from LCMS Data" (Pacote de software para reconhecimento automático de glicanos a partir de dados LCMS). Berlim, Alemanha. julho de 2011.

Publicações

Maxwell, E.*, Tan, Y.*, Tan, Y.*, Hu, H., Benson, G., et al. (2012) GlycReSoft: A Software Package for Automated Recognition of Glycans from LC/MS Data. PLoS ONE 7(9): e45474.

(* igual contrib.)

Chapuy, B., Cheng, H., Watahiki, A., Ducar, M. D., Chen, L., Roemer, M. G. M., ... , Tan, Y., - --, Shipp, M. A. (n.d.). Diffuse Large B-cell Lymphoma Patient-derived Xenograft Models Capture the Molecular and Biologic Heterogeneity of the Disease. Em revisão.

Chapuy, B., Roemer, M. G. M., Stewart, C., Tan, Y., Ryan, P., Zhang, L., ... Jong, D. De. (n.d.). Targetable Genetic Features of Primary Testicular and Primary Central Nervous System Lymphomas (Caraterísticas Genéticas dos Linfomas Primários do Testículo e do Sistema Nervoso Central). Em revisão.

Tan, Y., Chapuy, B., Tambouret, Y., Shipp, M.A., & Monti, S. (n.d.). QueryFuse: A TooL for Gene-specific Fusion Detection. Manuscrito em preparação.

Tan, Y., Tambouret, Y., & Monti, S. (n.d.). SimFuse: A Novel Fusion Simulator for RNA Sequencing (RNA-Seq) Data. Em revisão.

Competências

Linguagens de programação: Python, R, Bash e Perl

Bases de dados: XML, SQL

Modelos matemáticos: Modelo Linear, Modelo Não Linear, Modelo Dinâmico, Clustering e Classificação

Gestão de dados: Github e Dropbox

Ferramentas de apresentação: Programas do Microsoft Office

Biologia: Sequenciação profunda, Microarray, PCRs, Construção de bibliotecas, Purificação

MIX
Papier aus verantwortungsvollen Quellen
Paper from responsible sources
FSC® C105338

Printed by Books on Demand GmbH, Norderstedt / Germany